CUIDE-SE

CÁTIA BAZZAN

CUIDE-SE

APRENDA A SE AJUDAR EM PRIMEIRO LUGAR

Luz da Serra
EDITORA

Nova Petrópolis/RS - 2019

Edição: Luana Aquino
Capa: Marina Ávila
Revisão: Rebeca Benício
Imagens: Freepik.com

Dados Internacionais de Catalogação na Publicação (CIP)

B364c   Bazzan, Cátia.
           Cuide-se: aprenda a se ajudar em primeiro lugar / Cátia Bazzan. – Nova Petrópolis: Luz da Serra, 2019.
           200 p. ; 23 cm.

           ISBN 978-85-64463-71-4

           1. Autoajuda. 2. Autoconhecimento. 3. Desenvolvimento pessoal. 4. Autorrealização. 5. Terapia holística. I. Título.

                                            CDU 159.947
                                            CDD 158.1

Índice para catálogo sistemático:
1. Autoajuda 159.947
(Bibliotecária responsável: Sabrina Leal Araujo – CRB 8/10213)

Todos os direitos reservados. Nenhuma parte desta obra pode ser reproduzida ou transmitida por qualquer forma e/ou quaisquer meios (eletrônico ou mecânico, incluindo fotocópia e gravação) ou arquivada em qualquer sistema ou banco de dados sem permissão escrita da Editora.

Luz da Serra Editora Ltda.
Avenida 15 de Novembro, 785
Bairro Centro
Nova Petrópolis / RS
CEP 95150-000
editora@luzdaserra.com.br
www.luzdaserra.com.br
www.luzdaserraeditora.com.br
Fone: (54) 3281-4399 / (54) 99113-7657

AGRADECIMENTOS

Quero agradecer e honrar todas as pessoas que passaram
pela minha vida. E também todas as experiências
que tive nestes anos como terapeuta holística.

Gratidão aos meus pais,
Sérgio Bazzan e Imilda Maria Velho,
que me deram a vida.

Ao meu marido Ronaldo Gallas,
que é meu grande companheiro e o meu amor!

Agradeço também a todos que ainda compartilharão
as suas histórias e, em especial, a você, que está aqui
começando a sua jornada comigo!

Eu honro você e honro a sua história!

PARA QUEM É ESTE LIVRO?

Ajudar as pessoas é uma arte. Quem é que nunca ajudou alguém nesta vida?

Eu digo que este livro é para qualquer pessoa que já apoiou, deu conselhos ou orientou em algum momento da vida.

Agora eu lhe pergunto: qual é o impacto que esse movimento de ajudar causa na sua vida e na vida de quem recebe a sua ajuda?

Você consegue perceber esses movimentos na prática?

É para isso e por isso que quero convidá-lo a mergulhar neste livro. Desejo que tenha o entendimento, e, além disso, que consiga levar todo o ensinamento que aprender aqui para a sua vida.

Que você possa contribuir muito mais, começando a ajudar quem mais precisa na maioria das vezes: VOCÊ mesmo.

Ficou curioso para saber o porquê? Então, vem comigo!

SUMÁRIO

Introdução:
*Ajude quem mais
precisa de você neste momento* 15

Capítulo 1:
Quem é você na arte de ajudar? 23
Exercício de avaliação 34
Exercício de comprometimento 36
Acredite nas suas metas 37
Dê lugar ao novo 40
Exercício de limpeza, perdão e ativação 42

Capítulo 2:
*O seu modelo de ajudar
e os principais erros que comete* 45

Teste: O seu jeito de ajudar 47
Qual é o seu grupo? 51
    Grupo dos doadores 51
    Grupo dos sugadores 52
    Grupo das vítimas 52
    Grupo dos sobrecarregados 53
Os antídotos para os grupos 54
Como você é na arte de pedir ajuda?
Você sabe receber? 59
    Grupo dos doadores 60
    Grupo dos sugadores 61
    Grupo das vítimas 61
    Grupo dos sobrecarregados 63

Capítulo 3:
Você é muito mais do que imagina 65
Exercício para tomar decisões 70
O poder de tomar a decisão certa 72
Vamos falar sobre as suas paixões? 78

Capítulo 4:
*Lições poderosas
que aprendi sobre ajudar* 83
Ouça mais e fale menos 84
Abandone a sua terra natal 87
Proteja-se de influências negativas 90
Faça o "Plano A" dar certo 92
Não desista de si 94

Capítulo 5:
Como potencializar seus objetivos 97
Por que resistimos em ter sucesso? 101
Oração poderosa para ter sucesso 105
Faça de conta que você é Deus:
um complemento para suas metas 106

Capítulo 6:
7 ações para começar a praticar ainda hoje 111
  Analise a sua "balança" todos os dias 113
  Defina uma intenção clara 116
  Saiba o que você quer da vida 118
  Quando despertar,
  já se proteja energeticamente 119
  Cuide da energia dos ambientes 122
  Acredite no seu "Eu do futuro" 125
  Inspire outras pessoas curando a si mesmo 129
  A rota para 7 dias 131

Capítulo 7:
Casos de consultório 133

1. Como viver o seu papel dentro da família
para "se encontrar" na vida 139

2. Como destravar a sua vida
e receber as bênçãos que você merece? 144

3. Como vencer o medo
de perder e acreditar no amor! 150

4. Aprenda a dizer não,
elimine a frustração e receba mais
reconhecimento do mundo e das pessoas 156

5. O que fazer para ter mais ânimo
e tomar decisões mais rapidamente? 162

6. Como eliminar a depressão
e se sentir mais realizado 166

Sobre ir além na arte de ajudar as pessoas 173

Histórias de sucesso 174

Perguntas e respostas 183

**Cuide de você,
antes de ajudar o outro** 191

Sobre a autora 196

Referências 197

INTRODUÇÃO

Ajude quem mais precisa de você neste momento

Nascemos em um mundo que às vezes pode até parecer cruel. Digo isso porque somos julgados e rotulados o tempo todo, principalmente oor não agirmos conforme as expectativas dos outros.

Para uns pode ser cômodo o fato de nascermos em uma sociedade que molda o nosso destino. Para outros, isso se torna uma verdadeira prisão.

No fundo todos que criticam, julgam e nos dizem o que devemos fazer, têm um desejo ardente de nos ajudar a nos tornarmos pessoas melhores.

O grande problema é que, algumas vezes, você é "podado" e não consegue ser a pessoa incrível que é, pois precisa fazer o que esperam de você.

Eu sei que você se esforça para ter a vida que sempre sonhou. Mas, muitas vezes, não entende o motivo pelo qual não consegue se doar mais e, consequentemente, receber mais.

Pense comigo! Por que você acha que nunca tem o suficiente? Por que acha que precisa ajudar mais ou ser mais? Por que sente um vazio ou a falta de algo? Por que procura constantemente uma forma de sanar essa falta?

Eu cresci e quase acreditei que nunca seria "alguém na vida" e que a vida não me dava o suficiente. Depois de muitos anos é que fui compreender que eu precisava muito ajudar a pessoa mais importante da minha vida: EU. Somente assim teria condições de servir à vida e ajudar outras pessoas.

Mesmo tentando ser e fazer diferente, acreditei por um bom tempo que não merecia ter mais ou ser mais do que "esperavam de mim" e vou lhe contar o porquê.

Meus pais se separaram quando eu tinha três anos e me lembro de ouvir muitas vezes: "O que vai ser dessa menina sem pai?". Como se eu nunca fosse "me tornar alguém" ou ter algum sucesso por estar fora dos moldes da sociedade, ou seja, ser filha de pais separados, já que naquela época não era tão comum como é hoje.

As pessoas falavam isso como se o meu pai não fosse presente, como se eu tivesse sido abandonada ou coisas do tipo. Era como se eu tivesse sido largada pelos meus pais... O que nunca aconteceu.

Imagino como é para quem de fato passou por uma situação de abandono. O que devem escutar por aí!

Mesmo que não seja por mal, os outros acabam imaginando o pior cenário, como se o nosso destino já estivesse traçado pelo fato de não termos uma "família ideal" aos olhos da sociedade.

A realidade é que os meus pais apenas não estavam mais casados. Claro que passamos por períodos difíceis, mas a vida continuava seguindo apesar das dificuldades.

Hoje em dia, o que mais me encanta nessa história é que meus pais fizeram um esforço enorme para que a separação deles não fosse um trauma para mim. Minha mãe, quando ouvia essas palavras duras, sempre me dizia para não acreditar nisso. Já o meu pai me via sempre que podia. Nunca perdemos o contato.

Durante a leitura deste livro você vai entender melhor. Enquanto eu me lembrava dessa parte da minha história, recordei também daquele trecho famoso do filme *Rocky Balboa*, quando o personagem fala para o filho nunca perder a essência e deixar que digam a ele o que fazer.

Ele diz também: "O mundo não é um grande arco-íris. É um lugar sujo; é um lugar cruel, que não quer saber o quanto você é durão. Ele vai lhe colocar de joelhos e você vai ficar de joelhos para sempre se você deixar. Você, eu, ninguém vai bater tão duro como a vida. Mas não se trata de bater duro, se trata do quanto você aguenta apanhar e seguir em frente. O quanto você é capaz de aguentar e continuar tentando. É assim que se consegue vencer. Agora, se você sabe o seu valor, então vá atrás do que você merece. Mas tem que ter disposição para apanhar e nada de apontar dedos, dizendo que você não consegue por causa dele, dela ou de quem seja. Só covardes fazem isso e você não é covarde. Você é melhor do que isso!".

As palavras dele são as mesmas que os meus pais tentavam me dizer a todo momento. Do jeito deles, eles me ensinaram muito sobre dar valor a mim mesma e saber o que era melhor para mim. É como se dissessem o tempo todo, através dos seus atos e da maneira como podiam: "Se não acreditar em si mesma, nunca vai ter uma vida melhor".

Depois da separação dos meus pais, fomos morar com o meu avô numa casa velha. Com o tempo, ela foi ficando mais precária, pois não tínhamos dinheiro para fazer manutenções. E a cada ano a situação piorava mais.

Em um inverno rigoroso, com temperaturas abaixo de zero grau, tomávamos banho em um banheiro sem aquecimento e, pior, com frestas nas paredes.

Uma vez acabei caindo embaixo da casa, quando fui descer um degrau, porque a madeira do chão estava completamente podre e cedeu com o meu peso.

Essas são apenas algumas situações que vivi e que me fizeram acreditar por um tempo que a vida era isso e que eu não podia esperar mais nada.

Entretanto, quando comecei a estudar e conhecer o mundo do desenvolvimento pessoal e das terapias holísticas, fui descobrindo que as oportunidades estão ao nosso redor o tempo inteiro. E que eu tinha uma escolha: me contentar com a minha realidade ou mudar a minha vida para sempre.

Foi assim que eu resolvi "sair daquela casa de madeira", no sentido de que eu passei a ver que a vida podia me dar muito mais e que eu podia ser mais.

Partindo dessa reflexão, quero inspirar você a "sair da sua casa de madeira" também. Pode ser mudar de emprego e assumir o que você mais ama fazer na vida; encerrar o ciclo de um relacionamento tóxico; ter uma vida mais próspera em todos os sentidos ou o que quer que seja o seu desejo neste momento.

Independentemente do que está acontecendo com você agora, tenho certeza de que você pode ser mais e que merece mais. Quando você transformar a sua realidade, estará mais disposto a fazer pelo outro.

E digo mais, no exato momento em que você começar a ler esta obra, vai descobrir que a sua trajetória de ajudar começa por alguém que precisa muito mais de você do que qualquer outra pessoa.

Pode adivinhar quem precisa mais de você neste momento? Sim, é você mesmo! Quando ocupamos o nosso lugar, fazemos o que é possível e entendemos o nosso papel no mundo, ajudar se torna leve e não um fardo a ser carregado.

A minha transformação pessoal foi tão grande que acabei me tornando terapeuta holística e já ajudei milhares de pessoas a transformarem as suas vidas também.

Você pode estar se perguntando: "Ok, mas como eu faço isso, Cátia?".

Leia este livro. Você conhecerá o seu perfil na arte de ajudar as pessoas. Sobretudo, descobrirá alguns conceitos e leis que regem a sua vida, independentemente se acredita ou não. Nas próximas páginas também vamos falar sobre as suas decisões e a sua postura diante de tudo o que acontece.

Aqui eu vou compartilhar mais de 14 anos de estudos que tenho na área do desenvolvimento pessoal e da Terapia Holística, além das lições mais poderosas que aprendi sobre esse tema. Você também vai ver alguns casos de consultório e como algumas pessoas colocaram todos esses ensinamentos em prática.

Tenho certeza de que juntos vamos descortinar um mundo de possibilidades e que, sim, ao final desta leitura, você vai saber mais sobre a arte de ajudar as pessoas da melhor forma, do seu lugar, e sem ter de fazer um esforço desnecessário ou despender um tempo especial para isso. Pois saiba que são as nossas ações e atitudes diárias que fazem a diferença na vida das pessoas que amamos e até mesmo na realidade daqueles desconhecidos que cruzam o nosso caminho.

Vamos em frente!

CAPÍTULO 1
Quem é você na arte de ajudar?

Pense na sua rotina. Como é o seu dia a dia? É possível que eu e você tenhamos algumas atitudes e realizemos tarefas parecidas quando o dia começa. Por exemplo: acordar, levantar da cama, fazer higiene pessoal, tomar café, ir para o trabalho ou trabalhar em casa, almoçar, voltar ao trabalho ou fazer as tarefas da tarde, voltar para casa, preparar-se para o jantar, fazer as tarefas da noite, dormir, acordar e começar tudo novamente.

É mais ou menos isso, não é? Bom, eu sei que há algumas variações, mas em geral, quase todo mundo começa o dia fazendo mais ou menos as mesmas coisas...

Só que a grande questão é que, muitas vezes, quando você deita a cabeça no travesseiro à noite (ou quando descansa), sente que algo está faltando. Sabe aquela ânsia de ser mais, de fazer muito mais?

Por não entenderem o que realmente lhes faz falta, algumas pessoas acreditam que só precisam ganhar mais dinheiro, comprar uma casa, trocar de carro, mudar de emprego, encontrar um amor ou terminar um relacionamento para se sentirem preenchidas.

Elas estão sempre em busca de algo externo que lhes traga alguma felicidade, sem compreender que não é isso que vai fazer com que se sintam completas. Mas se começam a olhar ao redor, percebem que a vida não é escassa e que, na maioria das vezes, não falta nada.

Com este livro, eu vou auxiliar você a ter metas e a realizar sonhos, pois acredito que essa é a melhor forma de se sentir motivado e ter direcionamento na vida. Afinal, quando você não sabe onde está neste momento e para aonde está indo, qualquer caminho serve.

No entanto, eu já vi e vivi muitas experiências em que focar somente em conquistar a casa, o carro, o emprego perfeito ou o relacionamento incrível "pareceu" me auxiliar nessa falta. Mas, a médio ou longo prazo, eu percebia que o bendito (ou maldito) vazio e a ansiedade começavam a brotar dentro de mim novamente.

E aí eu acreditava que um novo desafio financeiro ou material poderia me reabastecer. Até que fui compreendendo que estava iniciando, mais uma vez, aquele ciclo de buscar fora o que eu não havia alimentado dentro de mim.

Hoje eu sei que, quando você aprende que a vida lhe oferece oportunidades incríveis todos os dias, que basta você olhar ao redor e ver o quanto é rodeado de bênçãos, o seu coração se preenche e você começa a vibrar na abundância de tal forma, que tudo o que você deseja se torna possível e até mesmo real.

Quanto mais você acredita que falta algo, mais vive uma realidade de escassez. Entretanto, ao mudar internamente essa sensação e ao se sentir abençoado e abundante todos os dias, a sua vida flui para essa realidade.

O que estou falando faz sentido para você?

Quando eu atendia presencialmente em consultório como terapeuta holística, costumava começar o atendimento com a seguinte pergunta: "De 0 a 10, que nota você dá para a sua vida hoje?".

Nunca vou me esquecer das palavras de uma consultante que relatou: "Minha vida hoje está nota 5. Cátia, estou tão perdida, que nem sei por onde começar. Estou insatisfeita no meu casamento, parece que falta algo. Meu marido é uma ótima pessoa e nos damos bem, só que não me sinto feliz. Trabalho numa grande empresa e tenho o cargo que sempre sonhei, meu salário é excelente, construí a vida material que sempre quis. Porém, me pergunto se estou no trabalho certo. Embora eu tenha conquistado tudo isso, me sinto uma péssima mãe e esposa, e não tenho tempo para nada. Essa insatisfação me consome todos os dias. Estou aqui porque quero me sentir realizada, com vontade de fazer algo que realmente me deixe feliz".

Pergunto: Algo parecido acontece com você? Você também sente um vazio? Mesmo que aparentemente tenha um milhão de motivos para agradecer o que conquistou? O que fazer para mudar essa sintonia e começar a ter aquele brilho nos olhos que realmente o tornará realizado e completo? Antes de orientá-lo para ter essas respostas, quero falar de mais um caso do qual me lembrei agora.

No meu Espaço Holístico, fazíamos um Atendimento Fraterno – em que as pessoas recebiam Reiki de forma gratuita. Certo dia, uma pessoa chegou ao local e senti que ela tinha algo muito especial. Quando ela entrou para receber o Reiki, percebi que a energia e a força que existiam dentro dela estavam prontas para vir à tona, mas, ao mesmo tempo, estavam adormecidas. Ela não permitia que os seus dons aflorassem verdadeiramente, e nem achava que devia mudar de vida. Lembro-me exatamente desse dia e da sintonia que tivemos! Porém, não falei nada. Deixei que ela fosse percebendo por conta própria.

O mais interessante disso tudo é que essa pessoa achava que a sua vida estava um caos. Tudo estava errado: ela se sentia sugada pelo trabalho, não estava satisfeita com a casa onde morava, não estava bem em seu relacionamento, tinha problemas de saúde e não se sentia feliz.

Olha, acho que ela tinha por volta de uns 30 anos. Então, essa pessoa começou a frequentar o Espaço, participar dos encontros e dos cursos. Mergulhou nessa proposta de autoconhecimento de tal forma, que foi descobrindo que se doava demais no trabalho, na família e no relacionamento, só que sem propósito.

Sobretudo, faltava algo muito importante: **ela cuidava com total dedicação de tudo e de todos, menos de si mesma.** Não demorou muito e ela entendeu que não tinha nada de errado com a sua vida. O motivo de estar completamente desconectada de si e da sua essência, sem saber qual caminho devia seguir, era simplesmente o fato de nunca ter parado para "se ouvir" com atenção, pois não dava tempo para isso.

Percebe que são duas histórias diferentes, porém com sentimentos parecidos? Talvez a sua história não seja igual a delas, mas você pode ter se dado conta neste exato momento que tem os mesmos sentimentos de frustração e de vazio, sem ter motivos maiores. Então, para eu começar a ajudar você nessa busca por mais realização e plenitude, convido-o a pensar nos seus atos:

O que você tem feito ou como tem agido para ajudar a si mesmo e o mundo?

Pergunto isso porque às vezes nem imaginamos como a vida pode nos surpreender e nos mostrar um novo caminho. Um percurso diferente em que você consegue preencher o seu coração, que faz você se sentir realizado de verdade.

Em setembro de 2004, eu "cai de paraquedas" em uma consulta de Terapia Holística. E dali para frente a minha vida mudou completamente.

Na época, eu trabalhava numa escola de educação infantil, estudava Pedagogia e tinha o sonho de fazer um concurso público para ser professora pelo resto da vida. Não tenho nada contra quem escolhe fazer concurso público e honro muito quem escolhe ser professor.

Porém, no meu caso, já comentei anteriormente, a minha mentalidade estava tão empobrecida e eu acreditava tão pouco em mim, que trabalhava todos os dias sem me sentir verdadeiramente realizada com o que fazia.

Até aquele momento, achava que esse era o melhor que eu poderia conseguir na vida. Lembro que enquanto vivia aquela realidade, a sexta-feira era o melhor dia da semana. Eu tinha a síndrome da segunda-feira, no domingo à noite já ficava irritada, porque no outro dia tinha de ir para a escola. Mesmo com tantos sinais, eu seguia aceitando a ideia de que aquele era o meu lugar.

Porém, depois daquele primeiro atendimento de Terapia Holística, comecei a perceber o que realmente fazia sentido para mim e o que eu não queria para a minha vida. A partir disso, entendi que havia outras possibilidades. A vida estava me mostrando o tempo todo que eu podia fazer diferente, eu só não conseguia ter essa clareza sozinha.

Então, além dos atendimentos, comecei a fazer cursos na área e mudei a minha mentalidade. Passei a ter certeza de que ser professora não era a minha missão.

Conforme fui abrindo o meu coração para perceber que tinha um caminho novo surgindo para mim, a vida começou a fluir. Senti que poderia mudar o rumo da minha vida e ser terapeuta, ajudando pessoas com o conhecimento que eu tinha. E assim eu fiz...

Em 2006, pedi demissão e me dediquei exclusivamente à nova profissão, mas com muitos desafios. O primeiro deles foi explicar para minha família que eu estava trabalhando em algo que eles nem sabiam direito o que era; o segundo foi me tornar uma profissional autônoma sem um salário fixo todo mês; o terceiro foi abandonar a ideia de ser concursada e professora pelo resto da vida; e o quarto foi fazer com que a minha "loucura" desse certo.

E não é que deu? Em janeiro de 2008 inaugurei o meu Espaço Holístico, um local onde eu podia atender, dar cursos, promover palestras e desenvolver o meu trabalho. Além das atividades no espaço, eu também dava cursos com meu parceiro Paulo Henrique Trott Pereira e tinha alguns projetos com o Bruno Gimenes e a Patrícia Cândido, que foram meus mentores nessa caminhada.

O mais interessante disso tudo é que todas as vezes que eu tinha que acordar cedo no final de semana para viajar e dar cursos, sentia uma felicidade que não cabia dentro de mim. Eu nunca me sentia sem ânimo para realizar esse trabalho. Um sinal claro de que agora eu estava indo na direção da minha missão.

A partir de toda essa transformação, que foi muito mais interna do que externa, fui descobrindo o que vou compartilhar nas próximas páginas com você: **a vida está sempre em movimento**.

Se você para de resistir aos sinais do Universo e às transformações que precisam acontecer, sempre vai entender o próximo passo que precisa dar! A cada mudança, a cada novo passo, você vai se sentir mais realizado e mais abençoado pela vida que está construindo.

Dessa forma, você pode inspirar e contribuir muito mais com o mundo e com quem convive.Costumo dizer para as pessoas algo que as conforta: você não precisa viver por um único propósito e achar que vai fazer isso pelo resto da vida! Pode ser que, depois de alguns anos seguindo uma carreira, você sinta um chamado para mudar de profissão e está tudo bem.

Digo isso porque, em 2014, a vida me surpreendeu novamente, mostrando-me que eu podia fazer mais uma grande mudança. Naquele período, eu vi a possibilidade de atuar em grande escala. Eu já tinha atendido milhares de pessoas, ministrado cursos a milhares de alunos de forma presencial. Quantas vidas eu já tinha ajudado a transformar!

Então, outra possibilidade surgiu: atuar na coletividade e expandir o meu trabalho através do mundo *on-line*. Entretanto, nessa nova proposta de vida eu teria de abrir mão de algumas coisas. Era preciso informar as pessoas que eu pretendia atuar de forma *on-line*, dizer para os meus consultantes que talvez eu não conseguisse mais atendê-los nesse novo formato. Além de me aventurar mesmo sem saber absolutamente nada sobre esse novo mundo.

Mas a vida me deu mais um grande presente, que foi a ideia de ajudar profissionais que atuam nessa área a terem sucesso. Na época dos cursos, eu e o Paulo Henrique víamos que muitos terapeutas não conseguiam ter clientes e ser prósperos na profissão. Por isso, senti um chamado e vi que, a partir da minha história, poderia ajudar outras pessoas a conquistarem a vida que eu tinha conquistado e o sucesso profissional que eu tinha construído.

Em 2015, iniciei o projeto *Top Terapeuta*. Um trabalho pelo qual sou apaixonada e que exigiu muita dedicação e entrega. Por isso, precisei fechar o meu espaço e abrir mão dos trabalhos presenciais.

O *coach* e escritor, Geronimo Theml, diz algo que acho que cabe bem aqui: "Crescer dói, ser águia dói". Às vezes você vai precisar abrir mão de uma coisa para ter outra, mas a escolha é totalmente sua.

Como você vive hoje está bom? Então, tudo bem. Agora, se você é daqueles que sente falta de algo, sente o tal do vazio, reflita sobre o que vou lhe dizer.

Você consegue perceber o quanto respeitar a vida, o seu momento e olhar para si mesmo pode contribuir com o mundo?

Muitas vezes, só o fato de "se questionar", de parar e perceber o significado de situações e acontecimentos, já tira você do conformismo e o faz agir diferente.

Entenda que, ao se sentir realizado e feliz consigo mesmo, você já vai influenciar positivamente pessoas, ambientes e até mesmo as situações do dia a dia.

Ao longo da leitura deste livro, você vai ver que não precisa ser uma personalidade importante, nem mesmo se tornar um profissional que ajuda as pessoas, para fazer a sua parte e colaborar com o mundo.

Eu não sei você, mas confesso que em outras épocas eu tive como meta "salvar o mundo", mas hoje eu busco apenas "o meu lugar no mundo".

Acredito que pequenas atitudes e até algumas mudanças sutis podem impactar positivamente a realidade. E isso reverbera de tal forma, que você começa a impactar as pessoas que ama. Consequentemente, passa a contribuir para que o mundo se torne um lugar melhor.

Comece mudando o seu mundo, que tudo passa a se alinhar ao seu redor. Assim, você pode até contribuir mais, inspirando outras pessoas a fazerem o mesmo.

Afinal, se você não está bem, como vai se sentir seguro para auxiliar alguém?

Talvez você também tenha se conectado com o que falei, por isso quero propor agora uma reflexão sobre algo em que acredito muito. Você realmente acha que é capaz de salvar o mundo? Acredite, eu já tive esse anseio, como disse anteriormente, só que hoje entendo que essa meta é muito grande para mim, e que sozinha é impossível fazer algo assim.

Portanto, o que mais quero neste momento é fazer o melhor que posso do meu lugar. Pois é assim que consigo transformar vidas de forma leve e equilibrada.

O mais interessante é que, quando eu me comporto dessa forma, consigo efetivamente ajudar o mundo. Você entende como funciona o processo?

Pode ser que agora você esteja se fazendo algumas perguntas como: "O que preciso mudar?" "Será que a vida que tenho hoje me contenta?" "Por onde eu começo?".

Para que eu possa ajudar você a mudar a sua realidade, o primeiro passo é entender "onde você está" agora. Precisamos ter clareza do seu momento, no sentido de saber exatamente qual é o seu desafio atual. Depois disso, eu vou auxiliar você a alinhar as suas metas e desejos.

EXERCÍCIO DE AVALIAÇÃO

Já que é preciso começar por um mergulho interior, vamos seguir em frente e ver como você se sente hoje. Neste exercício, você terá a oportunidade de observar como está a sua vida atualmente! Pegue um lápis ou uma caneta e dê uma nota de 0 a 10 para cada aspecto da sua existência:

1. Como está a sua vida profissional? ( )

2. Como está a sua vida financeira? ( )

3. Como está a sua vida amorosa? ( )

4. Como está a sua vida em família? ( )

5. Como está a sua intelectualidade e os seus estudos? ( )

6. Como está a sua saúde física? ( )

7. Como está o seu equilíbrio mental? ( )

8. Como está o seu equilíbrio emocional? ( )

9. Como estão seus relacionamentos em geral? ( )

10. Como está a sua vida espiritual? ( )

11. Como está a realização das suas metas? ( )

12. Como está a sua relação com o tempo e a sua produtividade? ( )

Após avaliar cada item, reflita qual deles está em desequilíbrio (ou com a nota mais baixa). Se empatar com outro item, avalie qual deles é o mais importante neste momento da sua vida.

Para seguir em frente preciso saber: até o final desta leitura, você acredita que pode mudar a sua realidade? Por isso eu lhe pergunto: Você quer aumentar a sua nota? Você realmente está disposto a mudar o rumo da sua história? O quanto quer se sentir realizado e mais conectado com você e com o mundo?

Se realmente estiver disposto a mudar 100%, quero que saiba que estou do seu lado e vou ajudar você, mas precisamos estar juntos nessa. Topa? Espero que sim!

Está pronto para seguir?

Então, verifique qual aspecto você quer focar daqui para frente. Depois, estabeleça um objetivo que vai ajudá-lo a aumentar a sua nota. Anote para se lembrar e, inclusive, coloque a data em que vai começar a mudar esse padrão!

De acordo com a sua meta pessoal, vou sugerir que faça um exercício de comprometimento. Essa tarefa é muito importante, porque são palavras de poder e comandos mentais que irão manter você mais focado e comprometido com a sua meta. Depois de fazer o exercício, é indicado que o leia todos os dias. Observe o seguinte modelo que vou mostrar como exemplo. Digamos que eu escolha trabalhar "tempo e produtividade":

EXERCÍCIO DE COMPROMETIMENTO

Hoje, dia _____ (data, mês e ano), eu me sinto disposto a <u>organizar melhor o meu tempo e me tornar uma pessoa mais produtiva</u> (aqui é a meta, o que você vai mudar e melhorar daqui para frente).

Por isso, vou reservar meia hora por dia <u>para organizar a minha agenda com as tarefas do dia a dia</u> (coloque uma ação, uma tarefa que você acredita que consegue começar a fazer agora).

Sei que sou capaz de <u>ter mais tempo e aproveitar melhor a minha vida</u> (coloque o que você quer ter no lugar do que não quer no seu cenário atual).

Estou pronto para viver o meu melhor! Que assim seja!

_____
(Aqui você assina o seu nome)

É importante escrever esse exercício a próprio punho. Assim você fixa a sua identidade e energia.

ACREDITE NAS SUAS METAS

Gosto muito de estudar e entender como funciona a mente de quem alcança sucesso na vida. Nas minhas pesquisas, observo que pessoas bem-sucedidas se dedicam muito a realizar os seus objetivos, porque são determinadas. Mas essa força vem de um ingrediente muito importante: *elas acreditam nas suas metas*.

E digo mais: elas não abandonam seus objetivos por qualquer coisa. Mesmo sentindo-se desafiadas, elas continuam persistindo e acreditando que um dia chegarão lá.

Por isso, o primeiro grande passo que você pode dar para se sentir realizado e, consequentemente, ajudar mais, é acreditar que também é possível para você, tanto quanto é possível para qualquer pessoa que tenha metas. Se alguém neste mundo já conseguiu, você também pode conseguir.

Só o fato de você se manter conectado com os seus sonhos, acreditar neles e ter brilho nos olhos, muda o seu magnetismo pessoal. Assim, você se torna capaz de levar luz por onde passa.

Afinal, eu não sei você, mas a maioria das pessoas de sucesso que conheço é motivada, alegre e tem muito brilho nos olhos. É contagiante estar perto dessas pessoas, pois a forma como "se importam" com o que almejam, faz com que nos sintamos importantes também. E isso é mágico.

Eu consigo ver que é tão simples, leve e sutil ajudar as pessoas do seu lugar, fazendo o melhor que pode e se conectando com o que torna a sua vida mais feliz, que sinto a energia fluir só de pensar assim. E você? Sente que faz sentido tudo o que falei até aqui?

Acredito que todo ser humano nasceu com o propósito de servir à vida de alguma forma, porque todo mundo possui dons e potencialidades que os tornam únicos. Por essa razão, tenho consciência de que todos nós viemos para este mundo a serviço de algo maior!

Basta olhar ao seu redor e perceber que nada fica parado ou estagnado, tudo evolui e muda o tempo todo. Até o seu propósito de vida pode mudar... Portanto, você vai passar por processos de evolução inevitavelmente. São esses momentos de desafio e de mudança que farão você parar e se olhar, para então perceber se está realmente mostrando ao mundo a pessoa incrível que você é.

Nesse contexto, preciso dizer algo que pode ser impactante, mas, para mim, tornou-se uma grande verdade:

Você é incapaz de doar aos outros aquilo que não tem!

Neste momento, quem sabe você esteja se perguntando: "Beleza, mas por onde eu começo?".

Eu digo: vamos começar por algo simples e poderoso.

Mesmo que você já tenha lido ou ouvido milhares de vezes sobre esse tema, eu preciso falar de novo: Você realmente sabe o que nos traz o poder incrível de mudar a nossa realidade? É a energia da **GRATIDÃO**.

Por isso, agora eu quero lhe fazer uma proposta: que tal acordar se sentindo grato pelo fato de ter acordado? Você conseguiria ficar um dia todo lembrando de agradecer por cada coisa que lhe acontece? Até mesmo aquelas que aparentemente não são positivas, mas que com certeza têm um propósito maior?

Depois, experimente se manter assim o máximo de tempo que conseguir. Faça o teste e vivencie o efeito positivo que essa pequena atitude vai lhe trazer!

Caso consiga manter esse hábito por vários dias, a sua vida mudará completamente, e para melhor, é claro.

Esse exercício que lhe propus parece ser simples demais? Mesmo sabendo o quanto é importante agradecer todos os dias, tenho quase certeza de que você poderia fazer muito mais, não é mesmo?

Você pode até escolher uma pessoa para compartilhar esse movimento, porque aí a energia da gratidão vai crescer mais ainda. Serão duas pessoas, e não apenas uma, vibrando nessa sintonia. Imagine o poder de algo assim!

Falo disso porque fiz esse exercício com o meu marido. Volta e meia ele chegava em casa contando sobre os problemas que tinha no trabalho dele, os desafios do dia a dia, com funcionários, fornecedores, entregadores de mercadoria, clientes...

Há algum tempo, pedi a ele que, antes de falar sobre os problemas, me contasse tudo de bom que havia ocorrido durante o dia. Das pequenas coisas aos grandes acontecimentos, tudo o que fez com que ele se sentisse grato.

O efeito dessa ação foi surpreendente, pois ao falar sobre as coisas pelas quais ele era grato, os problemas perderam a força. E aí ele projetou menos energia nos desafios e mais energia nas coisas boas. Incrível, não é? Faça o teste e você verá como isso funciona na prática!

DÊ LUGAR AO NOVO

Para seguir em frente no seu propósito e fazer as mudanças necessárias, você precisa ficar disponível para que novas oportunidades surjam em sua vida.

Às vezes, consciente ou inconscientemente, você tem a tendência de temer o futuro, mesmo se esforçando para confiar que tudo vai dar certo? Saiba que isso acontece porque você já sofreu em algum momento ou enfrentou situações dolorosas. No intuito de nos proteger, para não passarmos pela dor novamente, ficamos vibrando nos padrões antigos, sem "abrir espaço" para o novo.

Com esse olhar, é possível compreender o motivo de muitas vezes as suas metas ficarem pesadas e até difíceis de serem atingidas, pois elas carregam o peso de tudo o que você já viveu. Entende?

Portanto, liberar a energia do que já passou é uma parte muito importante no processo. É interessante entender que, quando falo de mudar e até olhar para o novo, não significa excluir o que você viveu, mas concordar com o seu destino e agradecer pelo que passou. À medida que você internaliza o conceito de que tudo foi importante e necessário, passa a ficar livre para acreditar no futuro.

Afinal, tudo aquilo que eu excluo, eu me torno ou atraio. Ao entender isso, podemos compreender o motivo de muitas vezes ficarmos repetindo os mesmos padrões, e vivendo novamente aquelas dores que queremos evitar.

Sabe aquele medo que você sente? Por mais que você tente não pensar nele, por não querer que aconteça, ainda assim você acaba atraindo exatamente o que teme. Já notou como isso ocorre?

Por exemplo, se você tem medo de ser assaltado e tenta evitar ao máximo que isso aconteça, acaba ficando mais vulnerável. Se isso já lhe aconteceu alguma vez e você continua sentindo medo, é mais provável que ocorra novamente. Mas por que isso acontece?

Porque, além de querer excluir, afastar ou repelir sem entender o aprendizado que houve por trás disso, a sua vibração fica na sintonia negativa, no medo de que passe por isso novamente.

Quando internalizamos a experiência, transformamos a dor em aprendizado. Assim, mudamos a frequência do pensamento e do sentimento com relação ao que vivemos. Se você fizer isso, a sua sintonia mudará e você conseguirá liberar o fluxo de acontecimentos positivos.

Por essa razão, um dos exercícios que faço constantemente é "incluir" e dizer "Está tudo bem eu sentir isso", ao invés de excluir e querer me livrar da situação. Ter esse olhar me possibilita parar tudo e perceber o que de fato está acontecendo e o que a dor está me ensinando. E é isso o que me liberta dela, do sofrimento e da sensação ruim que fazem com que eu atraia a situação novamente.

EXERCÍCIO DE LIMPEZA, PERDÃO E ATIVAÇÃO

Agora quero propor um exercício simples que vai auxiliar muito em sua jornada de transformação. Para experimentar todos os resultados positivos dele, siga a dinâmica:

Feche os seus olhos, respire profundamente e entre em conexão com este momento!

Visualize ou imagine os seus pais. A mãe do lado esquerdo, o pai do lado direito.

Mesmo que eles não estejam neste mundo, que já tenham partido. Mesmo que você não os conheça, deixe a energia fluir, pois a sua alma os reconhecerá.

Ao imaginar os seus pais, sinta que atrás de você é possível perceber todos os que vieram antes. Toda a sua família, todo o seu sistema familiar surge.

Então, vire-se de costas e olhe para todos. Mesmo que você não conheça ou não tenha uma imagem nítida dessas pessoas. Reverencie-os. Nesse gesto, coloque-se no movimento e no sentimento de concordar com tudo o que já passou. Inclua no seu coração tudo o que aconteceu antes de você.

Sinta gratidão a tudo e todos que vieram antes. E lembre-se do quão abençoado você é por ter a vida que tem. Pois quanto já foi feito para você ter o que tem hoje. Quantos movimentos alguns fizeram para que algo novo viesse para o seu sistema. Honre, inclua e contemple esses movimentos!

Novamente agradeça e vire-se para frente! Olhe para o seu futuro e para tudo o que está por vir. Veja você no futuro e perceba que se sente disponível para olhar para o que vem pela frente!

Mentalize: "Quem eu quero ser? Alguém de sucesso, alguém de resultado, alguém que ama o que faz e a vida que tem?" Enfim, projete mentalmente o seu dia perfeito, a vida como sempre quis!

Agora receba toda a bênção e toda a força do seu sistema! Permita-se receber o que você merece! Veja o quanto você ainda pode construir e contribuir nesta existência!

> **Lembre-se:** Só é possível dar aquilo que podemos. Por isso, ao fazer esse exercício mais vezes, você perceberá que se sente mais forte para ajudar a si mesmo e também as outras pessoas.

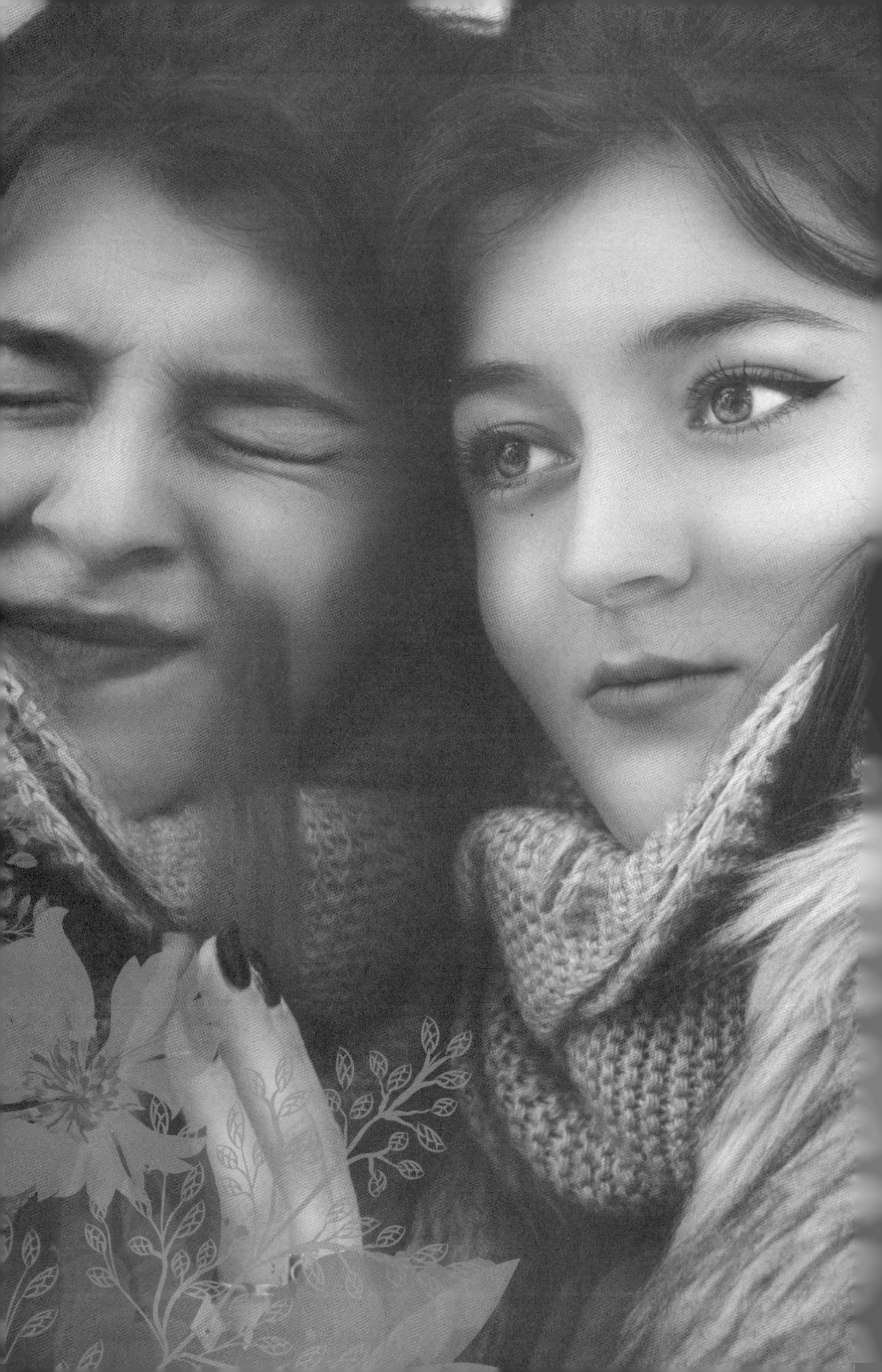

CAPÍTULO 2

O seu modelo de ajudar e os principais erros que comete

Você tem consciência de como age quando ajuda as pessoas? Neste capítulo, você descobrirá como é o seu modo de ajudar. Também saberá os principais erros que comete.

Na maioria dos casos, quando questionava os meus consultantes, eles até tinham noção de que havia alguns desequilíbrios que precisavam de ajustes.

No entanto, muitos deles nem sabiam o quanto se doavam, e acabavam se prejudicando para favorecer o outro. Em alguns momentos, chegamos a pagar um preço alto por isso, pois não compreendemos o quanto nossos atos nos sabotam e atrasam o nosso desenvolvimento.

Portanto, minha proposta é que você seja sincero ao marcar o exercício a seguir. Afinal, ninguém sabe o que você sente, a não ser você mesmo!

Tenha a certeza de que este teste vai orientar você, apontando quais são os desequilíbrios e até as memórias negativas que carrega, fatores que impedem você de auxiliar do melhor jeito.

TESTE: O SEU JEITO DE AJUDAR

1. Quando você chega a um lugar novo, como costuma agir?

a) Se alguém lhe pedir auxílio, certamente vai ajudar ou se envolver de alguma forma.

b) Observa, não fala muito e dependendo do que acontece, absorve para si.

c) Gosta de falar dos seus problemas e contar o que está acontecendo, pois pode ser que alguém lhe dê alguma ideia.

d) Está sempre sorridente e cheio de boa vontade. É querido com todo mundo.

2. Quando você encontra amigos ou familiares, qual é a sua tendência?

a) Mostra-se disponível, não tem problema nenhum em largar tudo para ajudar alguém que precisa.

b) Quer fazer tudo direitinho e contentar quem você ama, pois detesta cometer erros.

c) Fica atento, porque alguma coisa inesperada e até ruim pode acontecer.

d) Adora estar no meio das pessoas e espera uma oportunidade de compartilhar algo sobre si mesmo.

3. Quando está sozinho, o que costuma fazer?

a) Preocupa-se com todo mundo.

b) Teme o que as pessoas podem pensar a seu respeito. Quer saber como pode fazer mais e melhor.

c) Sente-se mal, porque parece que tudo dá certo para todo mundo, menos para você.

d) Sofre porque já fez tanto pelas pessoas e não recebe em troca a recompensa que gostaria.

4. No seu dia a dia, como é a convivência com as outras pessoas?

a) Sempre tem alguém precisando da sua ajuda e você não consegue dizer não.

b) Não admite errar ou que as outras pessoas cometam erros.

c) Todos os dias você tem um desafio para vencer, é uma luta constante.

d) Sempre se esforça mais, faz tudo para contentar os outros, só que não recebe de volta na mesma proporção.

5. Nos seus relacionamentos amorosos, como você costuma agir?

a) Sente que segura as pontas de quase tudo sozinho.

b) Briga quando se esforça para dar o seu melhor e o outro não faz o mesmo.

c) Você pode fazer de tudo que nunca é o suficiente.

d) Com certeza o seu parceiro não reconhece o quanto você faz pelos dois.

6. No seu local de trabalho, o que acontece frequentemente com você?

a) Estão sempre precisando de você para alguma coisa, por isso não consegue render como gostaria.

b) Ou você exige muito de si para ser e fazer o melhor, ou exigem isso de você.

c) Quer fazer mais, só que sempre tem alguém falando mal, criticando ou abusando de você. Com isso, prefere ficar mais no seu canto.

d) Não mede esforços para fazer o que for preciso pela empresa ou pelos colegas, mas quando é você quem precisa, lhe deixam esperando ou esquecem de você.

7. Como você cuida da sua espiritualidade, da sua energia?

a) Até cuido da minha espiritualidade, mas não está em primeiro lugar cuidar de mim. Primeiro os outros, depois eu.

b) Se eu entendo que isso me fará uma pessoa melhor e que me ajuda a contribuir mais, me dedico muito.

c) Sinto que preciso me proteger constantemente.

d) O que faço de bom para mim, quero fazer pelo outro, porque sei que receberei em troca.

8. Das características a seguir, qual é a que mais define você hoje?

a) Sou prestativo, amo ajudar.

b) Sou cuidador, gosto de cuidar das pessoas.

c) Sou atento, gosto de dar atenção às pessoas.

d) Sou entusiasmado e gosto de me doar.

Agora, vamos apurar as suas respostas. Atenção! O resultado a seguir serve para lhe dar um norte, não é uma regra. A intenção aqui não é ser determinista. Também é importante lembrar que o resultado está ligado ao que você está sentindo hoje. Pode ser que daqui a alguns dias, se fizer novamente, o resultado seja outro. O que trago são experiências e práticas que vivenciei ao longo do tempo em que atendi no consultório como terapeuta holística e que ajudaram muitas pessoas a se conhecerem melhor.

QUAL É O SEU GRUPO?

Agora vamos conferir a maioria das suas respostas. Caso tenha marcado mais a letra A, você está no grupo dos DOADORES. Se foi letra B, está no grupo dos SUGADORES. Já se respondeu mais letra C, está no grupo das VÍTIMAS e, por fim, se a maioria foi letra D está no grupo dos SOBRECARREGADOS. Antes de saber mais sobre cada um deles, preciso alertar que esses padrões são inconscientes e profundos. É simplesmente um mecanismo de defesa ou de autoproteção que usamos para fazer o nosso melhor.

GRUPO DOS DOADORES

São pessoas muito altruístas, que têm um coração enorme. Elas amam auxiliar as pessoas e não pensam duas vezes quando alguém precisa delas. Normalmente não conseguem dizer não, inclusive são capazes de largar tudo que estão fazendo se receberem uma ligação de alguém pedindo a sua ajuda.

Um alerta: Muitas vezes, quando você se doa e não permite que o outro o compense, a tendência é que ele sinta uma raiva inconsciente que pode desencadear alguns comportamentos: ficar agressivo, afastar-se e romper com você. Pode se tornar um "tomador", ou seja, nada do que você dá para ele é o suficiente, ou ainda se sentir incompetente, não conseguindo avançar sem a sua ajuda. Por isso, exercite a prática de "se colocar no seu lugar". Faça o que pode na condição que você tem.

GRUPO DOS SUGADORES

São aqueles que se preocupam demasiadamente em fazer tudo para agradar os outros. A intenção é de realmente serem os melhores, principalmente nos relacionamentos. Com isso, são muito perfeccionistas, pois não admitem errar. Quando estão em equilíbrio, sabem fazer trocas e dosar o "dar e receber" de forma saudável.

Um alerta: Um dos desafios dos sugadores é entender uma das leis que regem a nossa vida: a Lei da Hierarquia, que age independentemente de estarmos conscientes dela ou não. Com essa lei, aprendemos a respeitar tudo o que veio antes, reconhecendo o nosso lugar. O primeiro passo para trabalhar isso é concordando com as situações e pessoas como elas se apresentam. Tudo foi como precisava ser e está tudo bem. Quando você internaliza isso, tudo se torna mais leve.

GRUPO DAS VÍTIMAS

Atraem muitos problemas o tempo todo, mas não entendem como e nem o motivo. Por isso, têm muito medo de errar com as pessoas. A tendência é de se esconderem atrás dessas dores para não prejudicar ninguém e evitar conflitos. Quanto menos se envolverem, melhor.

Um alerta: Quanto mais o seu foco estiver em resolver apenas os seus problemas, mais você ficará num ciclo de atrair as mesmas coisas. Dessa forma, a sua vida não se expande. Honre as suas experiências e o seu passado para acreditar no seu futuro! As pessoas não lhe devem nada. Lembre-se de aceitar e concordar com as circunstâncias passadas, pois tudo foi como tinha de ser.

GRUPO DOS SOBRECARREGADOS

São aqueles que estão sempre prontos para ajudar, dispostos e cheios de entusiasmo. Por isso, ficam sempre esperando que alguém lhes devolva o que fazem. Geralmente não conseguem pedir ajuda. Quando precisam, ficam dando sinais para as pessoas, na espera de que elas os interpretem e lhes ofereçam auxílio.

Um alerta: Fique atento a esse comportamento e entenda que as pessoas não são ingratas com você. Elas apenas lhe dão aquilo que é possível para elas. Por isso a importância de você ter consciência do seu papel na vida dessas pessoas, e de se colocar no seu lugar de ajudar, com equilíbrio, pois agindo dessa forma, você vai exercitar a postura de "receber o que merece", e ainda verá que mais oportunidades surgirão para você.

> **OS ANTÍDOTOS PARA OS GRUPOS**
>
> Agora eu vou falar do antídoto que cada grupo precisa para combater esses desafios na arte de ajudar pessoas. A orientação que vou lhe dar pode ser o ingrediente fundamental para reverter os padrões negativos que você identificou na sua vida hoje.

PARA O GRUPO DOS DOADORES

O antídoto fundamental é **focar no seu propósito**. O seu desafio é dizer "sim" para si e para os outros na mesma proporção. Entenda que, quando você atinge os seus objetivos, não apenas ajuda a si mesmo, mas emana coisas positivas para as outras pessoas também. O fato de "estar bem" já se torna uma inspiração para os outros.

Evite continuar fugindo do seu propósito e usando essa desculpa de que todo mundo precisa de você! Se eu lhe perguntar hoje: "Quem é mais importante na sua vida?" Muitos vão me responder que é o pai, a mãe, o filho, o marido ou a esposa... Enfim, sempre colocarão alguém em primeiro lugar.

Agora me diga uma coisa: se você dá esse poder para os outros, como pode ter uma vida extraordinária e fazer com que essas pessoas tenham alguém extraordinário ao lado delas? Pense nisso e saiba que você tem direito à vida e merece o sucesso, a abundância e a felicidade, tanto quanto as pessoas que você ama!

PARA O GRUPO DOS SUGADORES

O antídoto fundamental é **nutrir autoconfiança**. Querer ser o melhor o tempo todo é exaustivo demais. Às vezes você até afasta as pessoas, porque assim como se cobra, também exige dos outros. Da próxima vez que se autocriticar, respire fundo e diga para si mesmo que você deu o seu melhor e que está tudo bem. Afinal, não há controle sobre tudo.

As críticas, da forma como são feitas, não transformam ninguém, porque são acusações que geram culpa, e não uma ajuda amorosa que provoca mudanças. Na maioria das vezes, as críticas não levam em conta quem você é de verdade, pois ao invés de focarem nas suas potencialidades, acabam focando apenas nas suas fraquezas. A partir de hoje, foque naquilo em que você é muito bom e não queira ser o melhor em tudo!

PARA O GRUPO DAS VÍTIMAS

O antídoto é **concordar com o passado e planejar o futuro para viver o presente** com mais tranquilidade e confiança. Se você se identificou com esse grupo, precisa resgatar a sua força interior e entender que as situações servem para você aprender a lutar pelo que quer. Porém, isso não precisa ser feito de forma sofrida e difícil.

Pense em chamar a atenção das pessoas pelo seu sucesso e não mais pelo seu fracasso! Em geral, as pessoas não gostam de ficar ao lado de quem vive reclamando e falando sobre os mesmos assuntos. Renove-se e abra espaço para o novo! Uma sugestão para trabalhar isso na prática é colocar fora objetos e utensílios antigos que não fazem parte da sua vida de hoje!

Doe roupas, faça um novo corte de cabelo, se desfaça de alguns artigos e peças que não lhe servem mais. Você precisa começar uma nova vida com mais entusiasmo para sair desse vitimismo. Só assim vai alcançar a realidade que deseja, pois se ficar sempre na mesma sintonia, não vai atrair nada novo para si, nem mesmo vai contribuir com as pessoas ao seu redor.

PARA O GRUPO DOS SOBRECARREGADOS

Aqui o antídoto é **nutrir a gratidão e acreditar no movimento do Universo**. Pela Lei da Troca, sempre haverá recompensa por aquilo que foi feito de bom pelas pessoas. Muitas vezes, sem perceber, você receberá algo que não é necessariamente da pessoa que você ajudou. Conscientize-se de que o Universo sempre nos traz mais.

Esteja aberto para receber! Uma das formas é nutrir a gratidão. Ao se sentir grato, você também vai se desprender da ideia de que tudo o que as pessoas fazem nunca é suficiente para você. Lembre-se de que as pessoas lhe darão o que elas podem ou o que elas têm condição de lhe dar. Além disso, verá que essa autoexigência que tem consigo é o que recebe das outras pessoas.

Portanto, já que você é um entusiasta na arte de ajudar, que tal usar esse potencial e canalizar energia para aquilo que realmente vai contribuir com a sua jornada?

Permita-se servir de forma desprendida, sem fantasiar a melhor forma de receber! Acredito que assim você vai explorar o máximo do potencial que existe aí dentro e permitirá que a vida lhe surpreenda com muitos presentes todos os dias!

Confesso que já fui um pouco de cada grupo, mas houve um tempo em que eu queria cuidar de tudo e de todos de tal forma, que não vivia para o meu propósito. Na verdade, hoje eu vejo que agir assim era uma fuga.

Eu nunca tinha tempo para fazer o que era importante, até que virava urgente. Depois da separação dos meus pais, quando eu tinha três anos de idade, criei um padrão inconsciente que me fazia querer cuidar e amparar minha mãe, acreditando que eu era responsável por ela.

Jamais minha mãe exigiu que eu assumisse qualquer responsabilidade de cuidar dela, da minha irmã ou da casa, mas eu me sentia no dever de ajudá-la. Inconscientemente eu pensava que ela carregava um fardo muito grande por criar duas filhas sozinha. Por amor, eu quis aliviar essa carga.

Porém, hoje eu vejo quanta arrogância a minha, querer cuidar da minha mãe, sendo que eu sou a filha. Quanta desordem eu criei na minha vida (e até na dela) por agir dessa maneira.

Sinceramente, eu não resolvia nada, pois, ao invés de cumprir o meu papel, eu interferia no aprendizado dela e da minha irmã. Ao mesmo tempo, eu reclamava que as coisas não fluíam para mim. De fato, eu não percebia que estava olhando constantemente para coisas que não eram "da minha conta".

Houve um ponto de virada importante na mudança da minha postura. Quando nos casamos, eu e o meu marido fizemos um pacto: cuidaríamos das nossas vidas dali para frente. Definimos que estaríamos prontos para ajudar, mas sem nos envolver na vida das nossas famílias.

Para ele também foi um grande desafio, pois o seu pai havia falecido poucos meses antes de morarmos juntos. Ele morava com a mãe e, claro, não queria deixá-la sozinha. Ter essa consciência foi essencial para o nosso relacionamento dar certo. Sem esse aprendizado, ficaríamos vivendo por elas e para elas e não conseguiríamos tocar a nossa vida, tenho certeza disso.

Eu digo que é lindo e até mágico quando nos colocamos no nosso lugar de filhos. Com essa forma de conduzir nossos relacionamentos, podemos aprender e também canalizar a força que nossos pais têm para nos dar.

Ter um bom relacionamento com a mãe é o primeiro lugar onde a vida dá certo, é onde sentimos mais fluidez. Nesse caso, como estávamos nos posicionando de uma forma mais saudável diante das nossas mães, vimos a possibilidade de receber a bênção delas para que o nosso relacionamento se fortalecesse cada vez mais.

Com essa experiência, vi que ajudar não é fazer pelo outro, mas sim estar presente quando lhe pedem ajuda, sem que você se envolva nos problemas das pessoas, tentando aliviar a carga delas. Se alguém está vivendo uma situação difícil, seu papel é estar presente e não querer tirar a dor dele.

Tenha a consciência de que se ele atraiu essa situação é porque precisa aprender algo a respeito! Então, ensine, ajude-o a entender melhor o momento, para que ele não precise mais passar por isso! Pois, se não aprender a lição, vai sofrer de novo e de novo até que consiga mudar o padrão, entende?

COMO VOCÊ É NA ARTE DE PEDIR AJUDA? VOCÊ SABE RECEBER?

Para muitas pessoas é mais fácil se doar do que receber. Por isso que a partir deste momento quero lhe mostrar que se você fizer a troca de forma equilibrada, ou seja, se você souber se doar e receber na mesma proporção, além de estar aberto para receber mais ajuda quando necessário, também dará sinais de que está aberto para receber todas as bênçãos do Universo.

Vamos ver como cada grupo age na arte de pedir ajuda?

GRUPO DOS DOADORES

Como é o "anjo" de todo mundo, as pessoas sempre sabem que podem contar com você. Entretanto, muitas vezes você não reconhece quem realmente precisa de ajuda: as pessoas ou você? Mas o que você pode fazer a partir de agora para perceber quando é o momento de se doar e de receber? Assim como as pessoas podem contar com a sua ajuda, saiba que você também precisa contar "consigo mesmo"! Isso inclui ter tempo para fazer as coisas que você ama ou mesmo buscar dentro de si o que o faz feliz de verdade. Nessa loucura de sempre estar à disposição, você acaba mascarando suas necessidades.

Agora, vamos além? Perceba como outras pessoas poderiam ajudá-lo nisso. Quem pode ser uma inspiração positiva ou está sempre disposto a apoiar você? Esteja aberto para receber toda a ajuda do Universo, tanto quanto você doa! Sinta-se merecedor, pratique esse sentimento! Com essa sensação de abundância e prosperidade gerada através da Lei da Troca, você vai conseguir contribuir muito mais, além de estar disponível para si e para os seus projetos com muito mais disposição e entusiasmo.

PALAVRAS MÁGICAS
Repita todos os dias para ativá-las em seu subconsciente:

Eu faço por mim o que faço pelo outro!
Eu sou capaz de me realizar!
Eu sou sucesso! Eu me amo!
Eu me aceito! Eu sou merecedor!

GRUPO DOS SUGADORES

Como a sua tendência é ser o melhor e dar o seu melhor em tudo, acaba se comprometendo demais com tudo o que realiza diariamente e não percebe quando precisa da ajuda de alguém. Se vê como alguém autossuficiente e acredita que não precisa de ninguém, que consegue se virar sozinho.

Às vezes, é preciso baixar a guarda e ter humildade para entender que nem tudo é perfeito neste mundo. Não há problema algum em precisar de ajuda, desde que você busque no lugar certo e com a pessoa certa.

PALAVRAS MÁGICAS
Repita todos os dias para ativá-las em seu subconsciente:

Eu tenho orgulho de mim!
Eu amo ser você, _____ (diga o seu nome)!
Está tudo bem se não consegui fazer melhor!
Eu sou confiança!

GRUPO DAS VÍTIMAS

Nesse grupo, mesmo que não reconheça, a sua tendência é pedir mais e doar menos. Se esforça demais para resolver os seus conflitos e isso realmente é desgastante tanto para você, quanto para os outros indivíduos com quem convive. Você quer mais atenção, mas não a recebe de volta e isso o frustra muito.

Então, às vezes fica até irritado porque as pessoas não o entendem e não percebem o seu sofrimento. Aparentemente você acredita que não recebe ajuda tanto quanto gostaria. Só que não vê que as pessoas estão sempre lhe doando tempo e energia para ouvir sobre as suas dores. Procure praticar a gratidão e fazer os movimentos que já sugeri até aqui. E se você achar que faz sentido, procure realizar alguma coisa nova, algo que até o desafie a conhecer lugares ou pessoas diferentes. Acredito que essa é uma forma muito interessante de "se abrir" para novas possibilidades. Experimente!

PALAVRAS MÁGICAS
Repita todos os dias para ativá-las em seu subconsciente:

Eu sou mudança!
Eu sou prosperidade!
Eu me abro para o novo!
Eu sei me doar, tanto quanto receber!

GRUPO DOS SOBRECARREGADOS

Mesmo que você se esforce para ajudar e não espere nada em troca, no fundo tem a expectativa de algum retorno. Na maioria das vezes, deixa escapar grandes oportunidades de receber a compensação do seu esforço de uma forma diferente da que você está esperando.

Abra-se para o Universo, entenda as respostas que ele lhe dá! E seja claro quando precisar de ajuda! Nem sempre as pessoas com quem convive entendem que você realmente precisa delas. Ao agir com transparência, é possível que se sinta mais amparado e receba o auxílio necessário quando precisar.

PALAVRAS MÁGICAS
Repita todos os dias para ativá-las em seu subconsciente:

*Eu me abro para receber o que
a vida pode me dar de melhor!
Eu sou abundância!
Eu sou sucesso!
Eu me sinto amparado!*

O mais interessante é reconhecer que você faz tudo pelo outro com as melhores intenções. No entanto, você não pode se esquecer que precisa fazer por si na mesma proporção que faz pelas pessoas. Quanto mais consciente disso, mais a sua vida flui e mais você tem condições de ajudar.

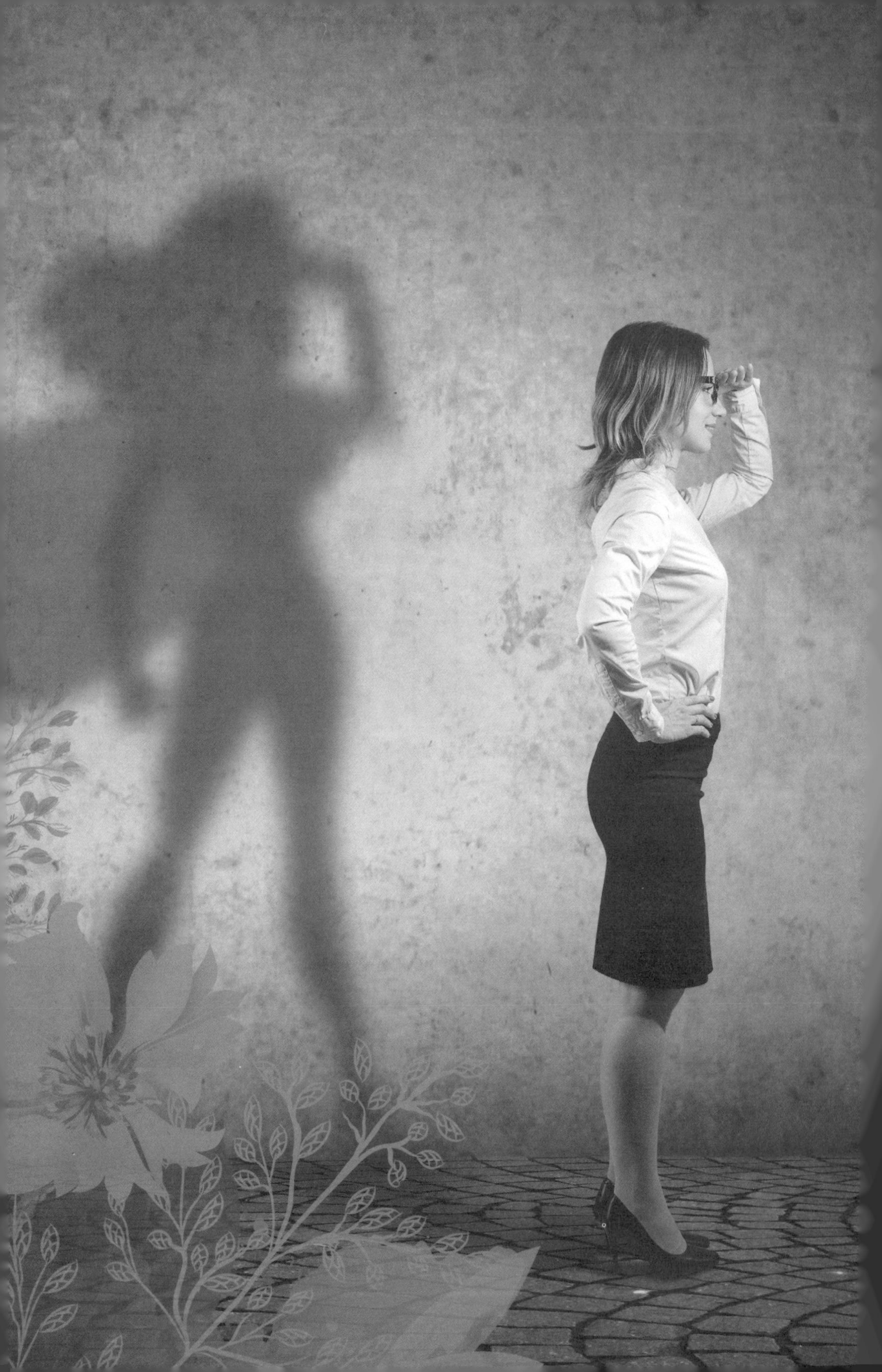

CAPÍTULO 3

Você é muito mais do que imagina

Já atendi inúmeros casos de síndrome do pânico dentro do consultório. Nas consultas, eu percebia claramente que a manifestação da doença se dava por alguns aspectos relacionados com o desenvolvimento dos potenciais do consultante, além de seu propósito de vida. Pode até parecer estranho o que estou dizendo, mas você vai ver que essa reflexão fará muito sentido daqui a pouco.

Primeiro porque a síndrome do pânico é um tipo de transtorno de ansiedade no qual ocorrem crises inesperadas de desespero. É quando surge um medo intenso de que algo ruim vai acontecer, embora não haja nenhum motivo para isso, nem mesmo sinais de perigo iminente. Além do desequilíbrio emocional, a pessoa passa a ter sintomas físicos mais graves.

Em segundo lugar, a percepção que eu tive, em todos os casos, era de que o consultante apresentava esses sintomas porque estava vivendo totalmente desfocado da sua missão. Eram pessoas que geralmente viviam para ajudar alguém a atingir as suas metas. Seus desejos e vontades quase nunca prevaleciam. Elas não se davam o direito de viver pelos seus sonhos, pelo seu propósito, pois se sentiam incapazes. Então, a maioria não tinha metas pessoais ou sequer pensava em seus projetos de vida. No máximo, deixava para "talvez um dia" pensar a respeito disso.

Recapitulando: lembra do que falei no início? O que estou dizendo não é regra, apenas percepções e experiências que tive quando esses casos chegavam até mim.

A ansiedade, para o escritor Napoleon Hill, é

> um estado de espírito baseado no medo. Ela se instala devagar, mas com persistência. É insidiosa e sutil. Passo a passo, toma a mente, até anular a capacidade de raciocínio, a autoconfiança e a iniciativa. É uma forma de medo continuada causada pela indecisão; portanto, é um estado de espírito que pode ser controlado. A indecisão desequilibra a mente e uma mente desequilibrada é impotente. Mesmo sob condições econômicas normais, falta à maioria dos indivíduos a força de vontade para tomar decisões com agilidade e levá-las adiante. Em períodos de instabilidade da economia, a situação fica ainda mais complicada: além de sua natural dificuldade em tomar decisões, eles são influenciados pela indefinição dos que os rodeiam, criando-se assim um estado de "indecisão em massa". O simples fato de você se decidir por algo, o faz evitar a ocorrência de circunstâncias não desejadas. Por exemplo, se quiser se livrar do medo da morte, tome a decisão de aceitá-la como um acontecimento; afaste o medo da pobreza tomando a decisão de satisfazer-se com a

riqueza que puder acumular. Acabe com o medo de críticas, tomando a decisão de não se preocupar com o que os outros pensam, dizem ou fazem; elimine o medo da velhice, tomando a decisão de aceitá-la, não como uma desvantagem, mas como uma bênção em forma de sabedoria, autocontrole e compreensão, impossíveis na juventude; abandone o medo da doença, tomando a decisão de esquecer os sintomas; domine o medo de perder a pessoa amada tomando a decisão de viver bem sem amor, se for necessário. Quando decidimos por uma determinada linha de ação, a ansiedade desaparece. Evite todas as formas de ansiedade reconhecendo que nada na vida vale um preço tão elevado. A partir de então, terá equilíbrio, paz de espírito e calma, que levam à felicidade. Aquele que tem a mente tomada pelo medo, não somente destrói as próprias chances de agir com inteligência, como também transmite vibrações negativas às mentes de todos com quem entra em contato, destruindo assim as chances deles (p. 233, 2011).

Costumo dizer que, se você quer vencer algum medo, o único caminho para conseguir é enfrentando-o. E nessa citação Napoleon Hill traz algo em que acredito muito: **você precisa saber o que quer e para aonde está indo.** Quando vive a mercê do Universo e sem direção, acaba caindo nas distrações deste mundo e vive uma vida sem propósito. Ao invés de aproveitar o período que tem nesta existência, acaba perdendo mais tempo.

No Curso de Psicoterapia Reencarnacionista da Associação Brasileira de Psicoterapia Reencarnacionista (ABPR) aprendi algo que levo para sempre comigo: **tudo o que você faz todos os dias pode ser uma grande oportunidade ou uma grande armadilha.** Se você é feliz apenas quando vai a uma festa, tira férias, toma uma cerveja ou sai com os amigos, por exemplo, é porque a sua vida está sendo uma grande armadilha.

Quando eu compreendi essa lição, assumi um compromisso comigo mesma de tornar cada dia o melhor dia da minha vida. Eu digo que amo o meu trabalho, meu casamento e minha vida todos os dias, não só de vez em quando. Por mais que eu me estresse, me irrite ou tenha conflitos para enfrentar, que sinta medo ou que qualquer distração apareça para me tirar o equilíbrio, eles duram pouco tempo, porque eu procuro administrar essas sensações e compreender o aprendizado.

Assim, consigo focar no que realmente importa para seguir em frente. Agora preciso que você apenas tome uma decisão: quer continuar sendo vítima das circunstâncias? Ou quer mudar a sua realidade para sempre?

Afinal, eu acredito que **você é quem cria oportunidades para viver uma vida extraordinária!** Me perdoe pelo que vou lhe dizer agora, pois você talvez acredite nisto até hoje, mas veja bem: não há nada, nem ninguém, neste exato momento, criando uma vida extraordinária para você. Não existe mágica ou milagre que venha de fora. Isso você constrói dentro de si mesmo. A sua realidade é um reflexo de tudo o que você é internamente, já falamos muito sobre isso.

EXERCÍCIO PARA TOMAR DECISÕES

Todas as ações mais importantes da sua vida foram baseadas em um único, poderoso e engajado momento de decisão. Sabe aquele momento de "tudo ou nada", em que você fez o que era preciso com coragem? Por isso eu lhe pergunto: **O que seria da sua vida hoje, se o medo fosse embora e você tomasse a decisão que sabe que precisa tomar já?**

Muitas pessoas até pensam: "Como gostaria de ser confiante dessa maneira." Certamente, quem pensa assim se deixa paralisar pelo medo de não saber exatamente como transformar o que quer em realidade. Por isso, a maioria nunca toma as decisões que poderiam transformar a sua vida na obra-prima que merece.

Lembre-se: inicialmente, não é importante saber como vai criar um resultado, mas decidir que você encontrará um meio, não importa qual.

O *coach* e escritor Tony Robbins, no livro *Poder sem limites*, ensina a "Fórmula do Supremo Sucesso", um método para se chegar onde quer:

1. Decida o que deseja;

2. Verifique o que está funcionando ou não;

3. Mude o seu enfoque até alcançar o que quer.

Segundo ele, decidir produz um resultado que desencadeia os acontecimentos. Se você decidir o que quer, obriga-se a entrar em ação, aprender com isso e mudar a sua perspectiva. Isso acabará por criar um impulso necessário para atingir o seu resultado. **Assim que você se empenhar verdadeiramente para que algo aconteça, o "como" vai aflorar por si mesmo.**

E olha que interessante: a palavra "decisão", de origem latina, vem de *decidere*, ou seja, "determinar, definir, decidir". É formada por *de* que quer dizer "fora", e *caedere* que significa "cortar". Tomar uma decisão verdadeira, portanto, representa se comprometer em atingir um resultado e cortar qualquer outra possibilidade.

Após tomar uma verdadeira decisão, até mesmo uma que tenha sido difícil, a maioria de nós sente um verdadeiro alívio. Finalmente saltamos a barreira. E todos sabemos como é bom ter um objetivo claro e incontestável. Esse tipo de clareza nos dá poder. Com clareza, você pode produzir os resultados que realmente deseja para a sua vida.

Às vezes, ficamos tanto tempo sem decidir nada, que os músculos de "tomar decisão" ficam atrofiados e esquecemos como é essa sensação. Eu digo que o melhor modo de ser assertivo nas decisões é tomar cada vez mais decisões! Dessa forma, você fortalece esses músculos. Por isso, ter clareza e decidir o que se quer é o primeiro grande passo da sua caminhada. Que tal experimentar agora, hoje mesmo?

O PODER DE TOMAR A DECISÃO CERTA

Todos os dias, às 7 horas da manhã, eu saio para caminhar com o Hugo, o meu cachorro. E agora, em nossos passeios matinais, temos a companhia da cachorrinha Madona, que fez um ano.

Certa manhã, eu estava caminhando só com o Hugo e como estávamos passando por um bairro mais tranquilo, resolvi soltá-lo ao invés de levá-lo na guia. Confesso que tenho um pouco de medo de outros cachorros, e quando o Hugo veio para a minha vida eu tinha medo de ser atacada por cães grandes. Mas tive que administrar isso, porque ele é uma mistura de "*Collie* com Pastor Alemão", ou seja, ele é o próprio cachorro grande que eu tinha medo.

Pois bem, de repente, surge não sei de onde um cachorrinho da raça *Dachshung*. Sabe aqueles "linguiças"? Ele veio correndo em nossa direção, pronto para atacar o meu, que era bem maior do que ele. Acredite, ele estava muito bravo, prestes a nos atacar.

Eu tentei afastá-lo desesperadamente. Do outro lado da rua, o tutor dele o chamava, mas ele não o obedecia. Logicamente ele não me obedeceria também. Então, o que fiz foi respirar e me acalmar. Na mesma hora, me dei conta de que deveria chamar o Hugo. Afinal, sobre qual cão eu tinha o controle?

Chamei o Hugo e ele veio até mim. No mesmo instante, o outro cão deu ouvidos ao dono e foi embora. O que quero dizer com esse simples exemplo, e que serviu de lição para mim, é que muitos dos desequilíbrios que temos em nossa vida aparecem porque estamos dando foco para algo que "não é nosso". Em outras palavras, quando você quer controlar situações que não são responsabilidade sua.

Muitas vezes temos essa tendência de comportamento, porque acreditamos que, primeiro precisamos cuidar do outro, para depois cuidar de nós. Com isso acabamos nos desleixando. Resolvemos tudo para os outros, mas deixamos a nossa vida sempre para depois. Vejo que no fundo isso é apenas uma forma de distração.

Nesse caso, quando o seu foco está sempre em "ficar disponível" para as outras pessoas, há uma fuga da sua realidade. "Ora, se eu me ocupo com as outras pessoas, e nunca tenho tempo para mim, parece que está tudo bem. Afinal, faço tanto pelos outros..." A grande questão é que se você não se dá conta disso, em algum momento da vida acabará pagando um preço muito alto.

O que eu observava no consultório com meus consultantes é que ter algum transtorno, síndrome ou doença era uma forma de capturar a atenção das outras pessoas. Em muitos casos, era uma espécie de "pedido de socorro" inconsciente. Além disso, eu via um potencial gigante naquelas pessoas. Algo que elas não conseguiam perceber. E isso realmente me impactava.

Agora eu lhe pergunto: você prefere estar ao lado de quem lhe inspira, motiva e faz os seus olhos brilharem? Ou gosta de estar perto de pessoas que querem ajuda o tempo todo e que sugam a sua alma?

Eu prefiro ficar mais tempo perto de quem eu admiro, de quem irradia coisas positivas. Não é melhor ter ao seu lado uma pessoa que transmite alegria? Eu sei que existem pessoas que parecem estar bem, mas na realidade não estão. Nesse caso eu estou falando de pessoas que são verdadeiras inspirações.

Por isso, neste momento, eu vou explicar algo que vai elucidar como tudo funciona na prática: os pensamentos passam de uma mente para outra, com ou sem conhecimento por parte de quem os emite e de quem os capta.

Observamos também que, por sincronicidade, quem compartilha esses pensamentos destrutivos está vibrando na mesma sintonia de quem os emite, certo?

A emissão de impulsos desse tipo de pensamento, mesmo que não seja falado ou verbalizado, também tem uma espécie de "efeito bumerangue", que pode se manifestar de diversas formas. A primeira, e talvez mais importante, é que quem emite pensamentos de natureza destrutiva tem **prejudicada a sua faculdade de imaginação criativa.**

A segunda é que, ao carregar emoções destrutivas, o indivíduo **desenvolve uma personalidade negativa que repele as pessoas,** principalmente porque costuma "ser do contra" e não concorda com nada.

A terceira desvantagem reside em um fato significativo: os impulsos de pensamento negativo, além de fazerem mal aos outros, integram-se ao subconsciente de quem os emite, **tornando-se parte do caráter da pessoa.**

Ao ter a percepção disso, você começa a mudar a sua forma de ser e viver, adquire mais clareza de como se ajudar e contribui mais com os outros, pois entende que é assim que impacta positivamente a vida das outras pessoas. Para isso, você não precisa ser um médico, terapeuta ou ter algum dom especial para esse fim, percebe?

Se você está lendo este livro é porque um dos seus valores principais é o comprometimento com as pessoas, o respeito com o próximo ou algo relacionado a esse tema, certo? Então, vamos deixar aflorar o que de melhor existe na sua personalidade para despertar os seus talentos e poder ajudar mais?

Para chegar lá, quero lhe fazer algumas perguntas que vão trazer mais clareza na sua jornada:

1. No que você é muito bom? Neste momento, pense nas suas maiores qualidades e faça uma lista de 8 características pessoais (No mínimo! Se vier mais, melhor!). Caso não venha nada em sua mente, lembre-se do que as pessoas costumam dizer ao seu respeito!

_____
_____
_____
_____
_____
_____
_____

2. Procure alguém para validar essas qualidades: Pode ser seu marido ou esposa, filhos, pais ou amigos. Enfim, pergunte a duas ou três pessoas se você realmente é assim e tem essas qualidades! E pode ser que elas digam mais. Nesse caso, continue anotando.

_____
_____
_____
_____

3. Onde ou com quem você tem utilizado essas qualidades? Pense nas situações e anote também!

_____
_____
_____
_____

4. Você as utiliza pouco ou muito? Por quê?

_____
_____
_____
_____

5. O que você pode fazer para explorar mais esses potenciais no seu dia a dia?

_____
_____
_____
_____

6. Pense agora em três ações práticas para usar mais esses potenciais! Que coisas você tem deixado de fazer? O que você sempre quis fazer? Ou, se já faz, como pode intensificar isso?

_____
_____
_____
_____
_____

7. Escolha as três maiores qualidades que você listou e as repita várias vezes durante o dia. É como um mantra que fica vibrando na sua mente e direcionando você para o que tem de melhor aí dentro.

_____
_____
_____
_____
_____

8. O mais importante aqui é você começar a se concentrar no que é muito bom para ativar o seu potencial, porque isso o tornará mais decidido e confiante. Além de contribuir para atingir metas e, consequentemente, se tornar uma inspiração para outras pessoas.

_____
_____
_____
_____
_____

9. Por fim, quero inspirar você a pensar na sua causa e ser apaixonado pelo que faz! Você hoje ama o que faz ou ainda se sente perdido? Acredito que essa seja uma das maneiras pelas quais você vai conseguir viver o seu potencial máximo. Sem amor, fica difícil vencer os obstáculos que virão e ainda continuar firme no propósito.

_____
_____
_____
_____
_____
_____

VAMOS FALAR SOBRE AS SUAS PAIXÕES?

A paixão pode ser definida como aquela intensa emoção que nos preenche de desejo e entusiasmo. Ralph Waldo Emerson, um dos mais importantes escritores do século XIX disse: "Nada jamais foi conquistado sem entusiasmo".

Para ter uma vida extraordinária, é fundamental ter entusiasmo. Inclusive a origem dessa palavra vem do grego *en theos*, que significa literalmente "Deus dentro de nós em ação". Os gregos usavam essa palavra para se referir às pessoas que estavam "possuídas" por um dos deuses e, assim, conseguiam realizar obras extraordinárias. Não importa em qual Deus, ou deuses, você acredita – ou se nem mesmo acredita em algum, o fato é que, quando você está entusiasmado, entra em contato direto com uma força muito poderosa e positiva dentro de si.

Então, depois de refletir sobre tudo isso, quero propor um **exercício mental que o fará sentir entusiasmo e paixão.** Vamos lá?

a) Fique de pé em um local onde você não será interrompido. **Inspire e expire** sentindo o fluxo da respiração e procure não pensar em nada agora. Apenas concentre-se na respiração! Faça isso umas 10 vezes pelo menos!

b) Agora, **pense no melhor dia da sua vida**: aquele em que você sentiu extrema felicidade e confiança. Lembre-se de todos os detalhes, cores, sons, pessoas. Retome a sua memória: o que de bom aconteceu e quem estava compartilhando desse momento com você? É como se estivesse revivendo tudo novamente e trazendo à tona todos os sentimentos positivos.

c) Então, **mentalize os seus objetivos** ou a sua maior meta! Veja como será esse dia na sua tela mental! Pense em todos os detalhes que sejam importantes! Você está de pé olhando para o seu futuro, vivendo o que acontecerá daqui a algum tempo.

d) Olhe para traz e **honre a sua história** até aqui! Honre sua família, seus pais e todos que passaram pela sua vida. Todas essas pessoas e tudo o que viveu até hoje fizeram você se tornar quem é. De coração, consagre cada um que vier na sua mente agora e faça um gesto de gratidão e honra para finalizar o processo.

e) Inspire e expire novamente para liberar o que há de mais extraordinário dentro de si! **Agradeça por este**

momento e abra os seus olhos sentindo toda a confiança e amor. Sinta-se amparado e com a certeza de que saberá dar o seu próximo passo!

Por qual razão eu criei esse exercício e estou provocando você para sentir tudo isso?

Primeiro porque eu sei que ele deve ter lhe proporcionado um momento muito especial e de conexão profunda. Eu faço essa prática às vezes para me conectar com a minha essência e honrar cada pessoa que passou pela minha vida. Isso me dá um poder e uma força incríveis. Por isso, espero que você tenha feito e sentido o mesmo.

Em segundo lugar, porque se trata de uma prática milenar. Os antigos sábios sempre aconselhavam a ter clareza sobre os pontos fracos e fortes – fator fundamental para saber quem somos. Desde os gregos, o pré-requisito básico para ter sucesso em qualquer área da vida já era o autoconhecimento.

O que sempre leio a respeito de pessoas de sucesso é que elas não perdem tempo sendo boas em muitas coisas. Concordo com isso, pois acredito que vale muito mais a pena dedicar a maior parte do seu tempo às suas paixões e no que você é muito bom, do que tentar ser excelente em tudo. Acredite! Se você focar nos seus pontos fracos, isso vai ajudá-lo a evitar o fracasso, porém não vai contribuir para que alcance a excelência.

Jeff Bezos, bilionário e fundador da gigante loja de varejo eletrônica, defende: "Um dos grandes erros que as pessoas cometem é tentar forçar um interesse em si mesmas. Você não escolhe as suas paixões, suas paixões escolhem você", ele diz.

Ao se dedicar à sua paixão, você irá aperfeiçoar suas habilidades e dons para se tornar um especialista na sua área. Se você trabalhar com paixão, será mais fácil atrair prosperidade financeira e ter a vida material que deseja. Além disso, poderá contribuir mais com o mundo sendo quem você nasceu para ser. Quanto mais você fugir do seu dom, da sua missão, mais difícil a sua vida será e menos resultados terá. Sua vida quase sempre ficará bloqueada e seus sonhos não se realizarão por completo.

Em terceiro lugar, infelizmente, grande parte nem sabe ao certo quais são os seus pontos fortes, e muito menos imagina como construir a vida em torno deles. Na tentativa de nos tornar pessoas fortes e resolvidas, nossos guias e referências – pais, professores ou chefes – passaram a vida toda tentando nos ajudar a lapidar as nossas fraquezas. Com isso, acabamos negligenciando as nossas paixões adormecidas.

No entanto, essas pessoas que nos guiaram fizeram isso por amor, por acreditarem e entenderem – dentro da realidade delas – que era o melhor a ser feito. E sem se dar conta, você também acaba agindo assim com as pessoas, pois tenho certeza que tudo o que você já fez para ajudar foi pensando no melhor para elas, não é mesmo?

Porém, nem sempre o que faz é o melhor para elas, mas sim o que é melhor para você, porque você aconselha pensando na sua realidade também.

Michael Dell, empresário norte-americano e fundador de uma das maiores produtoras de produtos eletrônicos e de tecnologia do mundo, afirma: "Se você encontrou a sua vocação, ou se ainda está à procura, a paixão deve ser o fogo que impulsiona o trabalho na sua vida".

Eu compreendo que muitos de nós abrem mão de suas paixões para conquistar o sucesso rapidamente, focando numa profissão rentável, por exemplo. Ou tomando decisões na vida que foram inspiradas no "efeito manada", ou seja, todo mundo faz assim, eu vou fazer igual, o que dá uma certa segurança em não ter que arriscar e fazer o que ninguém fez ainda.

Entretanto, se você seguir a sua paixão, o sucesso também vai segui-lo. Sem essa força e energia, você pode até atingir algum sucesso, porém, se sentirá vazio e sem ânimo. Com o passar do tempo, se frustrará por não viver aquilo que alimenta a sua alma.

Portanto, viva pela sua paixão! Além de viver inspirado e experimentando inúmeras realizações, você poderá inspirar muito mais e ajudará muito mais, acredite!

CAPÍTULO 4

Lições poderosas que aprendi sobre ajudar

OUÇA MAIS E FALE MENOS

Quando me tornei terapeuta holística aprendi e desenvolvi uma habilidade muito interessante: ouvir mais e falar menos. Com isso, comecei a perguntar mais sobre a situação, evitando dar respostas prontas e interferir no processo que o consultante estava vivendo. Essa foi a **Primeira Grande Lição** que aprendi sobre a arte de ajudar. Com a experiência, compreendi que, quando a pessoa é estimulada a buscar uma resposta dentro de si, essa geralmente faz mais sentido para o momento que está vivendo. Normalmente, é assim que ela vai conseguir resolver a situação ou obter algum resultado mais efetivo.

No entanto, quando você dá as respostas, por mais que a pessoa entenda e goste da ideia, se não for coerente com a realidade dela naquele momento, ela pode até tentar fazer o que você disse, mas vai ter mais dificuldade ou não fará nada a respeito. Caso tente e não consiga ter algum resultado, provavelmente é porque fez mais para lhe agradar, por respeito ou por gratidão pela ajuda recebida do que por realmente acreditar que isso tem a ver com o que precisa.

Lembro-me de quando fiz o meu primeiro curso de *coaching*! Foi com essa formação que aprendi a agir assim: comecei a estimular a outra pessoa a buscar as respostas dentro dela. Digo que até hoje – quando alguém me pede ajuda – eu faço dessa maneira e funciona muito bem.

Uso essa tática até mesmo em casa. Muitas vezes o meu marido chegava em casa com alguma dúvida ou com algum problema e me dizia: "Hoje eu quero ajuda da terapeuta, e não da esposa". Antigamente, quando ele me falava isso e relatava a situação, eu já dizia o que eu estava sentindo, dava orientações com base no que eu estava vivendo naquele momento. Por vezes, ele me olhava, concordava, só que não fazia nada do que eu dizia. Tenho certeza de que ele fazia isso não de propósito ou porque era displicente. Agia assim porque para ele não fazia sentido o que eu dizia.

Por isso, ao dar respostas prontas, além de não estimular a pessoa a pensar no que é melhor para ela, usando os recursos internos que ela tem disponíveis, você acaba interferindo mais e ajudando menos. O motivo é que esses conselhos estão baseados nas suas crenças limitantes, nos seus medos e na sua forma de enxergar a situação. Isso pode até torná-lo um "conselheiro do caos".

Dependendo de quem pede o seu auxílio (amigo ou alguém da família, por exemplo), você age de maneira totalmente condicional, porque quer "superproteger". Em função disso, estimula a pessoa a fazer o que você acha melhor, porque é o melhor para você. O problema é que o que pode ser bom para você, nem sempre será para ela.

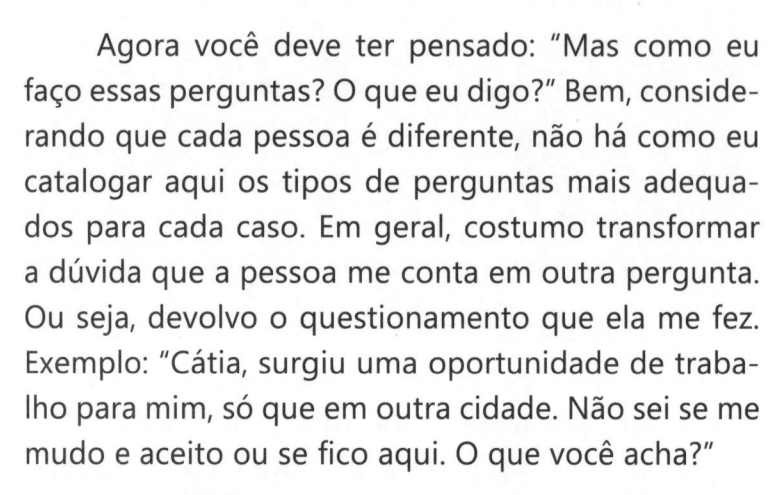

Agora você deve ter pensado: "Mas como eu faço essas perguntas? O que eu digo?" Bem, considerando que cada pessoa é diferente, não há como eu catalogar aqui os tipos de perguntas mais adequados para cada caso. Em geral, costumo transformar a dúvida que a pessoa me conta em outra pergunta. Ou seja, devolvo o questionamento que ela me fez. Exemplo: "Cátia, surgiu uma oportunidade de trabalho para mim, só que em outra cidade. Não sei se me mudo e aceito ou se fico aqui. O que você acha?"

Bem, primeiro eu escuto e dou toda a minha atenção para essa pessoa. Concentrar-se no que o outro diz é fundamental. Segundo, eu pego o que ela disse e vou transformando em perguntas. Vou fazendo de acordo com o que ela responde, obviamente. Nesse caso do exemplo, eu faria algumas perguntas como: "Essa oportunidade é melhor do que a atual? Você tem vontade de se mudar? Por quê? O que de pior pode acontecer se você for? E o que de pior pode acontecer se ficar?".

No momento em que a pessoa responde, busca internamente respostas totalmente coerentes com o que ela pensa, sente e o que quer para si. E aí você se torna apenas um instrumento de ajuda – o que, consequentemente, tira até o peso da responsabilidade do conselho que foi dado, pois a sua dica pode tanto ajudar como interferir no processo que essa pessoa precisa viver.

Para concluir esta parte, quero apenas alertar que, às vezes, é preciso ter humildade para perceber quando você não tem condições de ajudar. Nesse caso, eu costumo indicar algum especialista naquele assunto, alguém que tenha mais experiência e conhecimento sobre o tema do que eu. Veja bem, você não precisa estar sempre à disposição para ajudar, afinal, não tem obrigação de saber sobre tudo. Mas, provavelmente, sabe de alguém que pode oferecer essa ajuda, não é mesmo?

ABANDONE A SUA TERRA NATAL

A **Segunda Grande Lição** que aprendi foi "Abandone a Sua Terra Natal!" Certa vez, ouvi a autora Patrícia Cândido falar em uma palestra sobre o que um *bodisatva* precisa para se iluminar[1]. E essa questão nunca saiu da minha mente, tanto que compartilho esse aprendizado até hoje. Daquele dia em diante, comecei a repensar o meu papel dentro da minha família, especialmente sobre quem eu estava me tornando para cumprir a minha missão.

Cheguei à seguinte conclusão: para seguir o meu caminho, precisava assumir o que eu queria e cuidar desse propósito como um tesouro. Nada, nem ninguém, devia me distrair do que eu tinha escolhido para mim. Ficou claro que, se eu estivesse indo muito bem e me sentisse realizada, poderia contribuir muito mais. Você concorda que, diante dessa percepção, isso não é egoísmo? Eu não estava querendo apenas me favorecer, mas usar o conhecimento que tinha para ajudar outras pessoas.

---

[1] No Budismo, um *bodisatva* ou *bodhisattva* é um ser que está "em direção à iluminação". Em outras palavras, uma pessoa cujo objetivo é tornar-se plenamente iluminado.

Para que isso acontecesse, eu precisava aprender a me "colocar no meu lugar" e abrir mão de sempre "resolver tudo", o que se tornou uma grande prova. Conforme já mencionei, acabei assumindo um papel no qual me sentia responsável por ajudar minha mãe. E realmente posso dizer que foi um desafio passar por esse processo de ser "filha" e não "mãe" diante da vida!

No entanto, foi essa postura que fez com que eu me sentisse em paz para seguir o meu caminho. Tenho certeza que, quando agi dessa forma, minha mãe também ficou em paz e até orgulhosa em ver o meu sucesso e o crescimento do meu trabalho.

Posso dizer que um dos conhecimentos que mais me ajudou a superar essa fase foi a Constelação Familiar[2]. Para mim, aprender e compreender sobre as leis sistêmicas realmente auxiliou muito nesse processo.

Dentro desse contexto eu entendi que, ao me colocar como "pequena" diante dos meus pais, entendendo que eles vieram antes, consigo vislumbrar a grandeza da vida e acreditar no meu futuro.

No meu caso, e até no de algumas pessoas que atendi em consultório, via uma forte tendência de querer ser o herói dentro da família. Dessa maneira, acabamos nos colocando numa posição de "grandes" diante dos nossos pais e deixando de concordar com o destino deles.

---

[2] A Constelação Familiar é a ciência universal das ordens e também desordens do convívio humano. Desenvolvida pelo psicoterapeuta alemão Bert Hellinger, aborda as relações em todas as áreas da nossa vida.

As consequências dessa atitude vêm como um peso enorme para ambos os lados.

Por isso, chega um momento em que é preciso "cortar o cordão umbilical", no sentido de que, se você estiver cumprindo o seu papel no mundo do "seu lugar", tudo se alinha e cada um segue o seu caminho em paz. Em outras palavras: "abandonar a terra natal" significa que muitas vezes você precisa seguir o seu caminho e deixar a sua família seguir o dela, entende?

Hoje vejo muitas pessoas travadas na vida porque acreditam que precisam ou que devem estar presentes 100% dentro do contexto familiar, gerando até mesmo uma certa dependência. Parece que ninguém consegue resolver nada, apenas elas. Aí todo mundo se acomoda e espera que o "resolve tudo" sempre vai dar um jeito na situação.

Nesses casos, percebo as pessoas usando esse comportamento como escape. É uma desculpa para fugirem do que realmente precisam fazer como propósito de vida. Então, eu lhe pergunto: será que as pessoas precisam de você? Ou é você que precisa que elas sejam dependentes para se autoafirmar?

Entenda que, dentro desse contexto, fica muito conveniente que você fique sempre por perto. E digo isso porque ninguém deseja o seu mal. Na realidade, os seus familiares querem se sentir protegidos ou proteger você. Mas, infelizmente, essa atitude inconsciente deles pode estar impedindo-o de ser a grande pessoa que você é.

Além disso, quando segue o seu caminho, parece que tudo fica no seu devido lugar, pois você realmente cumpre o seu papel. E isso é mágico, acredite!

Portanto, a segunda grande lição é: se você é do tipo "resolve tudo", preste atenção! Talvez você esteja sofrendo por se envolver onde não deveria. Com isso, você não deixa as pessoas que ama passarem pela experiência que precisam para aprender. E isso pode estar bloqueando você, impedindo-o de explorar mais os seus potenciais e de ser alguém muito maior do que você acha que é capaz.

PROTEJA-SE DE INFLUÊNCIAS NEGATIVAS

A **Terceira Grande Lição** que aprendi foi conhecer formas de blindar a minha autoconfiança, o que me dá força e energia para seguir os meus planos de vida e o meu propósito. Hoje entendo que a fraqueza mais comum do ser humano é o hábito de deixar a mente aberta a influências negativas de outras pessoas. Essa vulnerabilidade pode se tornar algo prejudicial. E o pior é que muitas pessoas continuam se deixando influenciar, permitindo que o negativismo se instale, até se tornar parte incontrolável do seu modo de ser.

De novo, vamos recapitular o que estou querendo que você perceba ao longo de todo este livro: **sua postura diante da vida é que vai mostrar o quanto você se deixa influenciar pelo negativismo das pessoas.**

E não é só isso. Quando você precisa constantemente se proteger e blindar a sua autoconfiança, porque a perde facilmente, é preciso uma análise mais profunda e talvez até procurar a ajuda de algum terapeuta, pois há algo que precisa ser observado. Com certeza você perceberá um grande aprendizado por trás disso.

Ao longo da minha experiência de vida e como terapeuta, fui aprendendo que querer combater essas interferências faz com que você as atraia e se mantenha ainda mais conectado a elas.

Como disse Napoleon Hill, você não está vendo o real problema, está querendo "se livrar ou fugir dele". Mas aí eu lhe pergunto: **por que você está sempre vulnerável? O que isso indica? Onde está o seu foco?**

Por essa razão, para blindar a sua mente e energia, eu vou mostrar no próximo capítulo alguns exercícios que faço e que me ajudam muito. Mas já aviso que não adianta nada fazer um monte de práticas se você não estiver mudando a sua postura diante da vida. Enquanto continuar querendo resolver a vida de todo mundo, certamente irá ser influenciado e perderá força para seguir o seu caminho.

Qualquer alteração brusca no seu comportamento ou estado de espírito, sem qualquer motivo aparente para isso, pode indicar que você esteja percebendo e se deixando influenciar por interferências negativas. E quando isso acontecer, minha dica é: **coloque-se no seu lugar!** Será que você deve realmente absorver essa energia? Ou o seu papel é de apenas observar e não se deixar levar? Fique atento a isso!

Às vezes o simples ato de ficar atento já lhe auxilia a não ser prejudicado. No entanto, se você não prestar atenção, essas interferências irão tomar conta de tal forma, que podem fazer você ter pensamentos e comportamentos imediatos. O que acontece é que nesse exato momento você abriu uma brecha e deixou o negativismo entrar. As consequências podem ser desastrosas, pois você pode ser atacado pelas suas maiores fraquezas, o que o deixará mais vulnerável e suscetível a manter um padrão negativo. Portanto, fique atento e cuide de você e da sua energia!

FAÇA O "PLANO A" DAR CERTO

A **Quarta Grande Lição** é parar de focar no "Plano B" e fazer o plano inicial dar certo. O "Plano B" precisa ser uma opção e não se tornar o seu principal projeto. Porém, quando você faz isso, é porque precisa se sentir seguro. Normalmente, percebo que o "Plano B" reflete os paradigmas, as crenças e os programas mentais enraizados, porque se tornam "um ambiente seguro" para você não arriscar algo novo ou mais desafiador.

Costumo dizer que, se o plano inicial não deu certo, provavelmente foi porque algo na sua mente achou que você era incapaz disso, entende? Seus medos, suas dúvidas e os seus padrões fizeram o plano não dar certo.

Então, quero compartilhar com você algo que me ajudou a ver o fracasso de uma outra forma. O fato de ter esse entendimento me libertou de sempre querer ter o controle sobre tudo. Às vezes, eu apenas tenho em mente: "Está tudo bem isso ter acontecido! E o que é possível fazer agora?" Pensar assim me traz leveza e calma para poder decidir o que fazer ou como resolver algo, quando as coisas não saem como planejado.

Em seu livro "Mais esperto que o Diabo", Napoleon Hill tem um diálogo com o Diabo e pergunta como ele faz para dominar a mente das pessoas. O autor menciona o tempo todo a Lei do Ritmo Hipnótico. Essa lei mantém você preso a padrões, que consequentemente se tornam parte da sua vida. E complementa dizendo que ela torna os seus pensamentos permanentes de tal forma, que quase se torna um vício. Enquanto você não tiver consciência disso e fizer algum esforço para sair desse padrão, dificilmente o mudará. Portanto, se você vive pensando que é um fracassado e que a sua vida não dá certo, assim ela será até que o ritmo desse pensamento seja quebrado.

Napoleon Hill (p. 160, 2011) diz ainda:

> O fracasso traz consigo um clímax, no qual a pessoa tem o privilégio de limpar a mente do medo e fazer um novo começo, seguindo outra direção. O fracasso prova exclusivamente que algo está errado com os objetivos e planos da pessoa, através dos quais os mesmos objetivos e planos são perseguidos. O fracasso é o ponto final do hábito que a pessoa tem seguido, e quando o mesmo é alcançado, ele força a pessoa a deixar esse caminho e seguir por outro, fazendo com que ela crie um novo ritmo para a sua vida. Mas o fracasso faz mais do que isso, ele dá ao indivíduo uma oportunidade de testar a si mesmo, onde pode aprender quanta força de vontade possui.

Acredito que esse olhar vai ajudar você a ter mais amor por si, respirar e perceber que, se realmente fez tudo e não deu certo, é porque precisa partir para o Plano B. Afinal, esse é o objetivo dele. A dica é: faça tudo que for possível para que o projeto inicial dê certo e tenha persistência.

Mas, se ainda assim não der, lembre-se que você tem outra opção e que o aparente fracasso apenas mostra que você precisa mudar o rumo das coisas.

NÃO DESISTA DE SI

A **Quinta Grande Lição** que aprendi foi: posso desistir das pessoas, mas não posso desistir de mim mesmo. "Como assim, Cátia?", você pode estar se perguntando. Bem, já falamos aqui que se você não estiver bem, não terá condições de fazer o bem para o outro, certo?

Se alguém o trair, por exemplo, eu sei que você ficará furioso. Agora, eu quero convidar você a fazer uma reflexão bem profunda: o fato de você ser traído denota exatamente o quê? Para mim, tudo o que acontece externamente é um reflexo do que acontece dentro.

Se você se doa demais e nunca faz por si, nunca diz "não" e executa muitas coisas contrariado, fica mais suscetível a atrair situações em que será traído. Isso não é regra, apenas uma reflexão. Se fizer sentido para você, poderá ser libertador.

Quando essas fatalidades acontecem, costumo me fazer as seguintes perguntas: "O quanto estou me anulando pelos outros? Qual é o aprendizado por trás dessa situação?"

Da mesma forma, quando você é abandonado por alguém, será que o seu grande aprendizado não está ligado ao fato de "se abandonar"?

Você é daquelas pessoas que nunca têm tempo para os seus projetos, mas sempre dão um jeito de ajudar nos empreendimentos de outras pessoas? Quando você é rejeitado, será que não está "se rejeitando" e deixando os seus planos de lado para contentar ou agradar alguém?

Quando você é abandonado por alguém, será que o seu grande aprendizado não está ligado ao fato de "SE ABANDONAR"?

Enfim, são questionamentos que eu sempre fazia em consultório e que normalmente faziam muito sentido para quem ouvia. Então, se fizer sentido para você, aproveite!

O que quero dizer aqui, com essas lições, é que tudo – realmente tudo –, o que acontece tem um propósito. Se você aprende a lição e amadurece, é capaz de entender o seu papel neste mundo.

Desse modo, poderá viver o seu melhor e conquistar a vida que deseja. Além de ajudar e contribuir muito mais!

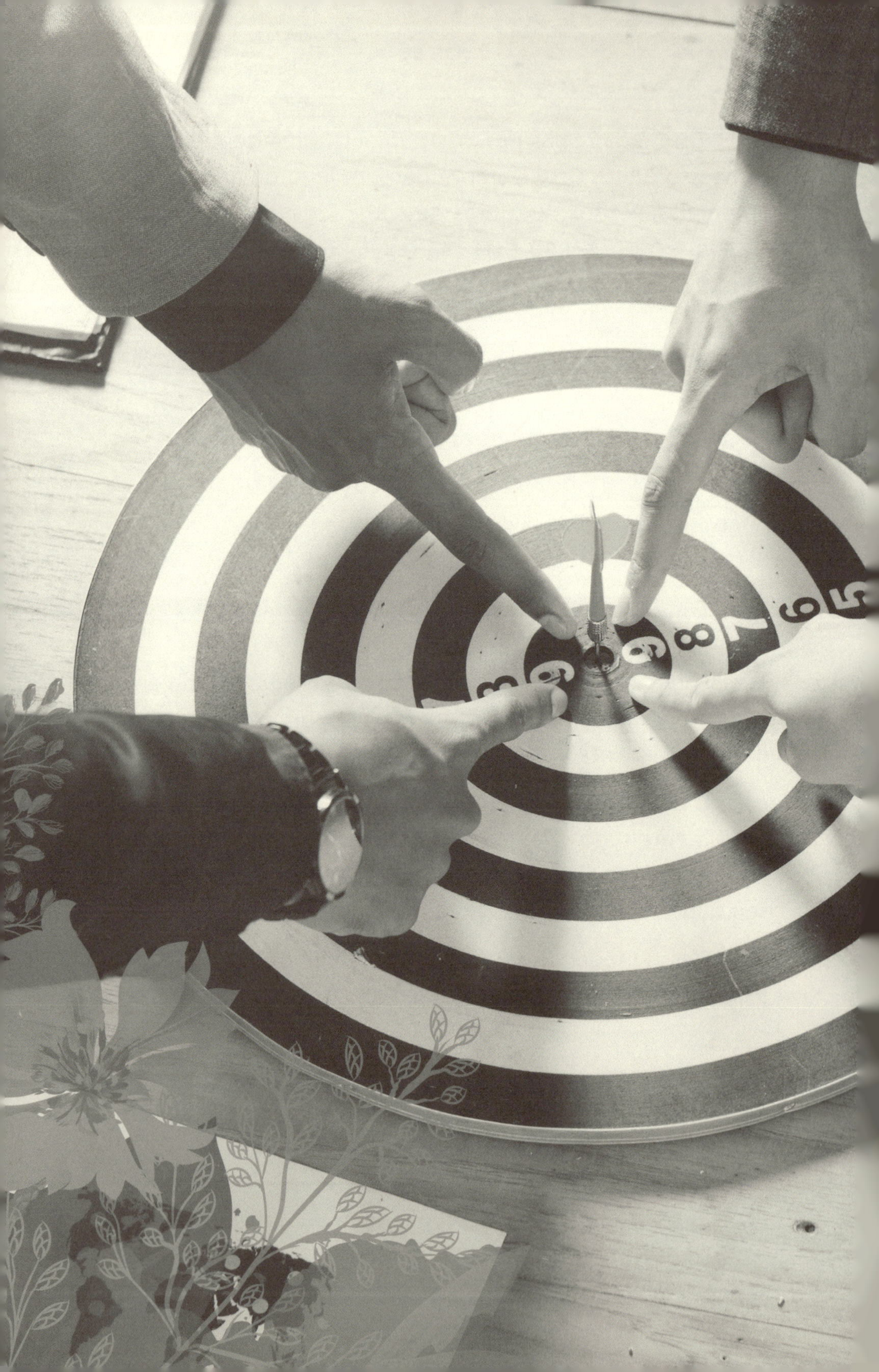

CAPÍTULO 5

Como potencializar seus objetivos

O QUE ACONTECE QUANDO VOCÊ SE ESFORÇA e o resultado não vem? O que fazer para potencializar os seus objetivos e se sentir mais confiante diante da vida, do que você deseja alcançar?

Caso eu fosse fazer uma lista das ações que mais impactaram a minha vida e que mais me ajudam a atingir as minhas maiores metas, poderia dizer que são:

1. Fazer um trabalho que amo e que me possibilita ter recursos financeiros.

2. Ser movida por vários propósitos (depende do momento) para ter brilho nos olhos todos os dias.

3. Ser mais flexível a mudanças e parar de resistir ao novo.

4. Estar disponível para que a vida me surpreenda e eu possa ver as possibilidades que surgem.

5. Parar de julgar e aceitar a realidade como ela se apresenta no momento.

6. Honrar a minha origem e tudo o que veio antes.

7. Honrar a minha história de sucesso (não importa o tamanho do sucesso, o importante é honrar o que já conquistei).

8. Praticar a gratidão a todo momento.

9. Alinhar minhas metas com o que é possível para mim. Não são grandes metas que me farão ser uma "grande pessoa", mas sim fazer o melhor que posso, dentro do que posso contribuir.

Agora quero falar sobre como você se posiciona diante da prosperidade e da riqueza, fazendo uma relação e até uma reflexão profunda com a nossa origem.

Afinal, muito do que aprendemos sobre esse assunto vem de referências que recebemos de quem compartilhamos a vida, especialmente os nossos pais. Por isso, a primeira pergunta que quero lhe fazer é: **você considera que seus pais são pessoas de sucesso?**

Acredito que 70% (ou mais) das pessoas que estão lendo isso diriam que não, que os seus pais não são bem-sucedidos. E muitas vezes chegamos a essa conclusão com base no que aprendemos e vivenciamos, certo?

Pois bem, vamos pensar o que representa o sucesso, dentro de uma visão mais profunda? Vou dar um exemplo:

Eu nasci na década de 1980. Se formos avaliar como é a nossa vida atualmente e comparar com o ano em que nasci, lá atrás não havia tantos recursos para facilitar a nossa vida como temos hoje em dia. Portanto, será que os meus pais não fizeram o que era possível para ter sucesso, dentro do que cabia na realidade deles?

Às vezes fico imaginando e até lembrando de quantas vezes minha mãe deixou de fazer algo para ela, porque se preocupava comigo e com a minha irmã! Penso no meu pai e, dentro das possibilidades que ele tinha, o quanto ele se empenhou para fazer o que era possível por mim!

Com base nessa reflexão, eu lhe pergunto: **faz sentido dar um novo olhar para o sucesso?**

Antigamente eu confesso que tinha uma mentalidade até arrogante nesse sentido. Eu pensava que o sinônimo de sucesso era "não ser alguém fracassado". Eu cheguei a julgar os meus pais muitas vezes, criticando o comportamento deles e achando que algumas crenças que estavam em mim tinham raiz na forma como eles me ensinaram sobre o sucesso e a prosperidade.

Mas hoje eu reflito: "Puxa, se eu estivesse no lugar dos meus pais e de todos que vieram antes de mim, será que eu faria melhor do que eles? Será que eu teria a garra e a força que eles tiveram para superar tantas coisas que nem precisamos vivenciar mais?".

Por isso eu digo que, se você é um realizador, se a sua vida é de sucesso, lembre-se que quem veio antes de você favoreceu, e muito, para que você tivesse condições de ter a vida que tem hoje. Então, novamente eu ressalto: **honre a sua história e tudo o que veio antes!**

E agora, depois dessa reflexão, quero lhe fazer uma proposta: repense o que significa sucesso para você. Avalie se tudo o que fez até o momento não o torna alguém bem-sucedido. Só o fato de você ler este livro e ter acesso a esse conhecimento já não seria um sinônimo de sucesso para você?

Para irmos além, também vou propor que você faça um exercício: **olhe para as suas conquistas, por menores que sejam, e sinta como é estar nesse lugar**, onde você faz o melhor que pode, dentro da condição que tem! Lá você se sente merecedor, fortalecido, agradecido e feliz por ter atingido tantos objetivos.

Eu sei que, em algum momento da sua vida, você já teve esse "gostinho" do sucesso. Então, agora procure se conectar novamente com essa energia e deixe-a fluir até o momento atual.

Olhe à sua volta e veja o quanto você é abundante, quanta riqueza há ao seu redor. Sinta o seu coração preenchido de gratidão e de abundância, perceba os seus olhos brilharem e ative a sua autoconfiança, tendo a certeza de que você vai "chegar lá", que vai realizar o que tanto quer, pois você está num processo de alinhamento que permitirá que isso aconteça.

Afinal, a mesma pessoa que começou lendo este livro, certamente não é a mesma que está aqui comigo agora, não é mesmo? No sentido de que a cada dia nos reinventamos e mudamos algo. Você pode até não perceber, mas se o nosso corpo muda, imagine a nossa alma! O que pensamos e sentimos se modifica constantemente. E quando resistimos a essas mudanças é que o esforço precisa ser contínuo.

POR QUE RESISTIMOS EM TER SUCESSO?

Na minha experiência, percebo que existem duas questões que nos mantêm resistentes. Uma delas é não olharmos para a direção que nos leva à realização do que queremos, porque nos envolvemos em assuntos que não nos dizem respeito (conforme já falamos anteriormente).

A segunda questão é que "todos nós queremos pertencer". Por conta disso, temos alguns comportamentos que, de forma inconsciente, afetam o nosso sucesso. Em seu livro *A própria felicidade*, quando fala da necessidade de pertencimento, a consteladora familiar Sophie Hellinger nos diz que a consciência vigia o pertencimento:

> Quando faço algo que compromete o pertencimento, eu fico com a consciência pesada, o que faz com que eu mude meu comportamento para que eu volte a pertencer. A sensação de inocência não significa nada além de que eu estou seguro de que posso pertencer. E a sensação de culpa, de que eu tenho motivos para temer que eu tenha colocado meu pertencimento em jogo. (p. 91, 2019)

Na prática, por conta dessa lei, há em muitos de nós uma necessidade constante de sermos aceitos e de provarmos o quanto somos bons no que fazemos.

Outra dinâmica que pode acontecer é que essa lei nos torna tão fiéis que, para pertencer, nos boicotamos a ponto de não nos permitir ter mais dinheiro que os nossos pais, por exemplo. Isso porque queremos continuar fazendo parte, pertencendo a esse sistema familiar.

Se tivermos dinheiro, sentimos peso e culpa por isso. Portanto, para não nos sentirmos assim, acabamos não progredindo ou indo em busca de algo novo. Mesmo que você tente e faça de tudo para evoluir, em algum nível vai se sabotar para voltar ao lugar que lhe mantém pertencendo.

Essa lei tem muita força em nós, porque é uma das primeiras leis que atua na nossa vida. Nascemos e já pertencemos a uma família. Não importa quem são as pessoas ou como elas agem, todos pertencem. Por isso, quando excluímos alguém ou algo, a tendência é que muitos desequilíbrios aconteçam, pois o pertencimento sempre vai lhe trazer de volta para o seu lugar.

E ainda sobre o pertencimento, há algo muito interessante para refletirmos agora. Na citação anterior, a autora Sophie Hellinger fala de "consciência pesada", que é referida como "má consciência" em seu livro. Já a "boa consciência" é a "consciência leve".

A "boa consciência" é toda a nossa referência familiar, ou seja, tudo o que nossa a família acredita que seja bom para nós. São os valores que regem as normas do nosso sistema familiar.

Esse comportamento é um movimento inconsciente, como se fosse um instinto de sobrevivência. Por exemplo: se você faz parte de uma família que sempre teve advogados, é natural que o estimulem a seguir esse caminho, pois o conhecem e entendem que é seguro.

A "má consciência" é tudo o que fazemos de diferente do nosso sistema. Trata-se de tudo o que é novo. A criatividade, por exemplo, está na má consciência. Pessoas que trabalham em profissões totalmente diferentes dos demais integrantes da família também. Usando o caso dos advogados, numa família que atua nessa área, se você escolhesse outra profissão, estaria na má consciência.

Ao fazer escolhas diferentes do que a sua família acredita que seja bom, por vezes você pode sentir que não tem apoio dela. Mesmo que tenha essa sensação, os seus familiares estão tentando lhe proteger.

Pensando dessa maneira, nós podemos compreender que está tudo certo em fazer diferente. Afinal, todos nós sentimos um certo desconforto ao fazer algo novo. É natural vivenciamos esse comportamento. No entanto, quando você sentir que deve seguir para outro caminho, respeite esse chamado, mas procure manter uma conexão com a sua origem, dentro do seu coração.

Você perceberá uma mudança em termos de força e fluidez na sua decisão. E aí, quando o sucesso vier, você o dedica a eles, ou seja, a quem lhe deu a vida.

Quando seus pais o criticarem ou aconselharem, você pode acolher e apenas agradecer: "Pai/Mãe, obrigado pelo seu amor e pelo seu cuidado!" Não é necessário fazer o que eles dizem, caso isso não faça sentido para você. Mas procure respeitá-los e "deixá-los serem seus pais".

Essa é mais uma postura que você pode ter para "ser pequeno" diante de tudo o que veio antes, e então "ser grande" na vida. Além disso, agindo assim, você vai receber todas as bênçãos deles para que o seu projeto dê certo.

Para ajudar a equilibrar tudo o que mencionei até agora, indico os exercícios deste livro, principalmente o de "concordar com o que se apresenta" (páginas 141 e 154).

Às vezes, quando conquisto algo importante, costumo mentalizar os meus pais e todo o meu sistema familiar. E aí, eu me coloco no lugar de "pequena" diante dos que vieram antes, agradeço e digo mentalmente que atingi esse objetivo por causa da força que eles me deram. Esse simples exercício me dá ainda mais força e motivação para seguir em frente.

Agora vou colocar aqui uma oração que canalizei. Tive esse *insight* em um momento muito importante da minha vida. Estava passando por um processo intenso de mudança de padrões negativos. Então acredito que ele vai ajudar você tanto quanto me ajudou.

A indicação é que faça esta oração por 7 dias. De manhã, ao acordar, e à noite, antes de dormir.

ORAÇÃO PODEROSA PARA TER SUCESSO

Eu ocupo o meu lugar!
O meu passado me liberta!
Eu honro e consagro cada parte minha!
Eu incluo o que eu gosto e o que eu não gosto em mim e na minha família!
Eu honro e consagro todo o meu sistema familiar!
Eu honro cada pessoa que passou pela minha vida e aquelas que irão passar!
Eu consagro cada experiência de vida!
Eu fluo para uma nova realidade!
Eu tenho sucesso, porque honro tudo o que faz parte da minha história!
Eu sou quem tenho de ser a partir de hoje!
Eu estou em harmonia com o todo!
Eu respeito a minha vida e toda a vida existente!
Eu sou capaz de contribuir com a evolução do mundo!
Eu tenho sucesso, abundância e prosperidade, porque isso me dá forças para seguir em frente!
Eu amo, eu aceito, eu respeito!

A partir deste exato momento, tenho um convite para você: faça um acordo consigo! **Como você quer que a sua vida aconteça daqui para frente?**

*Faça as pazes com o que passou,
olhe você hoje e para o seu futuro!
Deixe a vida seguir e fluir levemente!
Sinta-se abundante e deixe a vida
lhe surpreender todos os dias!
Sinta-se confiante a cada passo que você der,
pois não importa o quanto você fez,
o importante é estar em movimento!
Faça coisas que alimentem a sua alma
todos os dias e seja feliz!*

Eu sei que você pode mais, que merece mais!

FAÇA DE CONTA QUE VOCÊ É DEUS: UM COMPLEMENTO PARA SUAS METAS

Muito bem, chegou a hora de você avaliar como está a sua meta. Aquela que você estabeleceu lá no início da leitura deste livro. Alguns movimentos já estão acontecendo? Você teve de mudar algo ou se mantém firme no propósito inicial?

Agora, vou sugerir alguns recursos extras para potencializar a sua meta. Você já viu pessoas se curando ou com problemas sérios sendo resolvidos? Algo que parecia ser um milagre, mesmo quando nada disso parecia possível?

No livro *Criando riqueza e prosperidade*, Joe Vitale sugere: "Se você recebesse superpoderes neste instante e afastasse as barreiras da mente, como seria a sua vida hoje? Afinal de contas, Deus não pode sentir hesitação, dúvida, conflito, desânimo ou pessimismo". (p. 117, 2006)

O QUE VOCÊ FARIA SE TIVESSE PODERES DIVINOS?

Independentemente da crença que temos, todos sabemos que Deus é um ser poderoso e não conhece limites, certo? Agora, e se você pensasse como esse Deus, o que desejaria para si mesmo? E o mais importante: o que desejaria para o mundo em que vivemos?

O que você deseja SER, FAZER ou POSSUIR de verdade? Isso está alinhado com a meta que estabeleceu?

Uma dica muito importante para quando você se sentir egoísta com as suas metas: pense e deseje o sucesso dos outros. Faça essa prática regularmente e sinta que pode ser bem-sucedido, sim! Dessa forma você vai contribuir muito mais.

Exemplo: se você quer uma casa nova, mas não quer a mesma coisa para o seu vizinho, está deixando que o ego bloqueie o seu progresso. Isso é ganância. Porém, se você quer uma casa nova e acha que todas as outras pessoas podem conquistar a mesma coisa, você está em sintonia com o espírito criativo e terá condições de atrair ou ser conduzido para essa casa. Afinal, tudo o que deseja para o outro retorna para você.

Ao estudar e me aprofundar sobre campo eletromagnético, a lição que compreendi é que o "outro" no Universo não existe. Somos seres únicos para o Universo. Fazemos parte dele. É como se, para o meu Universo, só eu existisse. Para o seu Universo, só você existe, certo?

O Universo nos codifica como parte dele, assim como o braço faz parte do corpo. Por essa razão, tudo aquilo que você emana e oferece para o outro – se o outro não existe – volta para você. O sentimento que temos volta para nós. Faz sentido?

Em função disso, é preciso limpar os sentimentos e pensamentos densos e oferecer para o outro o que realmente queremos ser, e não apenas atrair.

Olha só! Eu não atraio aquilo que eu quero, e sim quem eu sou. Quando eu sou aquilo que eu quero, eu vibro para materializar o que eu desejo. Quando eu sou o que quero ter, eu me sintonizo com isso e a manifestação do desejo acontece.

Entendendo isso, você pode perceber que os desejos mais profundos têm origem na sua espiritualidade. Por isso, deixe o seu estado de espírito, o seu interior, se manifestar e pense (se quiser, pode anotar): **o que você realmente quer ser, fazer ou possuir?**

_____
_____
_____
_____
_____
_____

Agora, imagine objetivos mais altos. Expanda a sua imaginação e reflita sobre metas ainda melhores do que as que já apontou! Como a sua meta inicial pode ser melhor do que a que você estabeleceu anteriormente?

_____
_____
_____
_____
_____
_____

Examine sua lista de desejos e descubra o objetivo que mais se destaca, aquele que parece mais potencializado e que lhe dá mais energia. Vale a pena vibrar por ele? Mesmo que assuste, você sente que ele é realmente excitante? Então, anote tudo o que você é capaz de imaginar!

Escreva a sua intenção como se ela já fosse realidade! Reescreva o seu objetivo no presente, supondo que os seus desejos já se realizaram! Depois de escrever, leia e veja se é isso ou se há algo melhor a incluir no seu pedido. Se sim, ao final coloque: "Isso ou algo melhor". Escreva o que vier à sua mente!

_____
_____
_____
_____
_____
_____

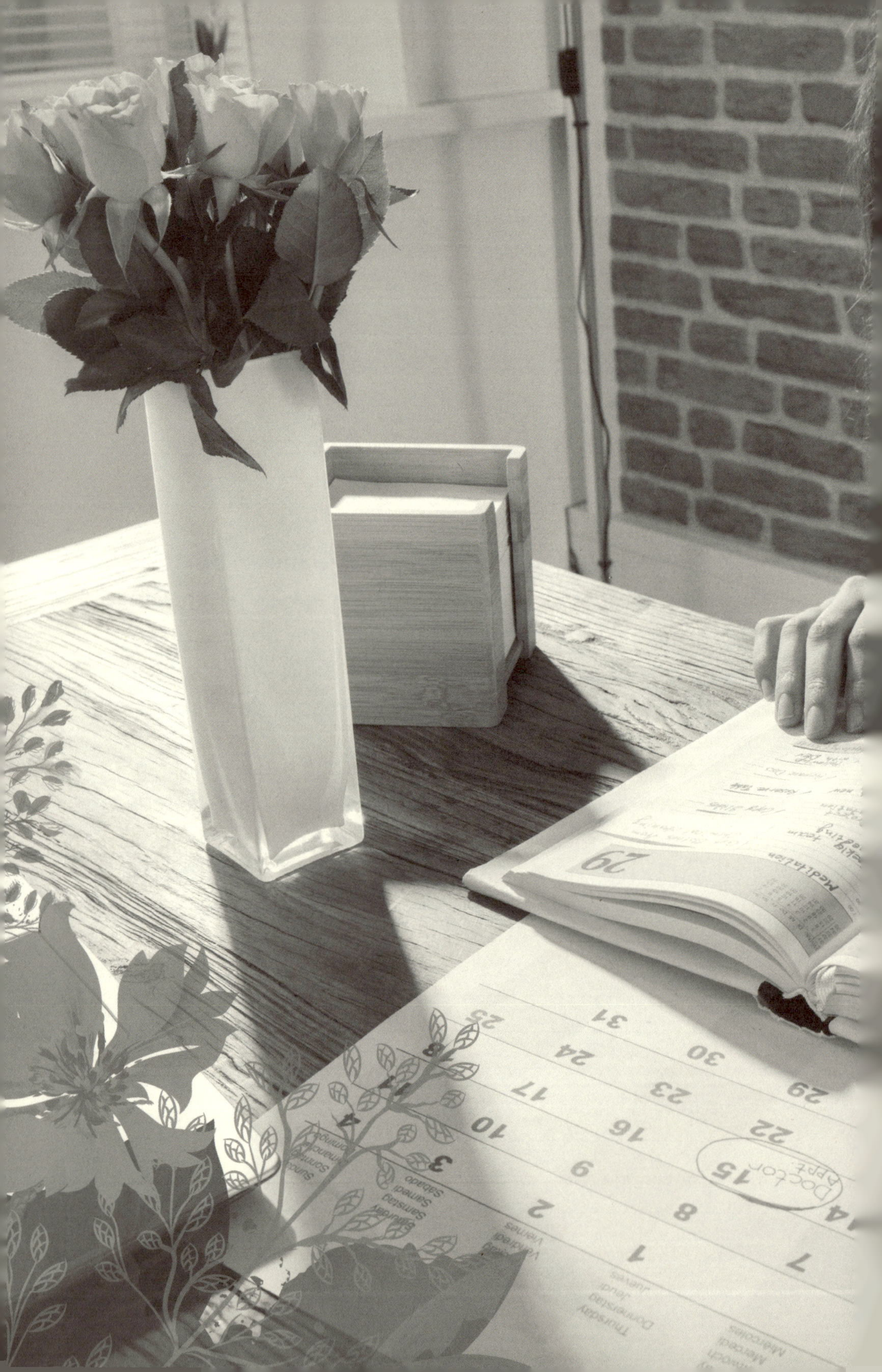

Doctor
Appt.
Meditation

CAPÍTULO 6

7 ações para começar a praticar hoje

Agora você vai conhecer algumas ações que faço no meu dia a dia e que contribuem para auxiliar as pessoas. Essas práticas me ajudam a não desviar o foco das minhas metas. Vou revelar esses segredinhos porque agora eu considero que você está pronto para o novo. Vamos lá?

O que vou lhe mostrar é uma rota de vida que eu fiz e também usei dentro do consultório. Esse trajeto pode ser utilizado como um plano de ação que vai alinhar as suas expectativas acerca das outras pessoas, além de conduzir e trazer resultados rápidos para a sua jornada.

AÇÃO DIÁRIA 1: ANALISE A SUA "BALANÇA" TODOS OS DIAS!

Quando você tomar uma decisão ou até mesmo uma atitude que envolva outra pessoa, procure mentalizar a questão em uma balança. Qual lado pesa mais? Quem vai sair ganhando?

Caso a balança penda apenas para um dos lados, algo está em desequilíbrio. É como um negócio: todo mundo precisa sair ganhando, senão não há sentido para ambos, nem para quem compra, nem para quem vende. Ou você vai ficar feliz por ter comprado algo de que não gosta? Muito menos o vendedor vai querer negociar sem ganhar algo em troca.

Por isso, quando você doa muito mais de si e a outra pessoa não retribui, inconscientemente ela ficará se sentindo endividada. Em algumas situações, ela realmente não conseguirá retribuir, e por esse motivo pode até se afastar de você, também de forma inconsciente.

Quando eu percebia que os consultantes se doavam demais, eu fazia a seguinte pergunta: "Vamos colocar na balança o que você tem feito para si e para o outro?".

E pensando em você mesmo, como está a sua balança neste momento? Para qual lado ela está pendendo mais? Ou ela está em equilíbrio? De um lado estão as suas prioridades; do outro, o que você tem feito pelas pessoas.

Vou dar alguns exemplos de como sentimos alguns desequilíbrios na prática, assim você também conseguirá perceber como está a sua balança.

Vejo muitos profissionais liberais que cobram muito barato ou atendem praticamente de graça, achando que isso beneficiará seus clientes. Só que, por outro lado, muitos reclamam que as pessoas não retornam depois do atendimento ou não conseguem se comprometer com o que é solicitado pelo profissional.

A maioria dos trabalhos que fiz de forma gratuita também não foram muito produtivos. Mas por qual motivo os que pagam se comprometem mais do que aqueles que ganham o atendimento?

Talvez você pense que, por ser barato ou gratuito, não é feito um bom trabalho. No meu caso, eu lhe garanto que a qualidade era igual, eu me dedicava da mesma forma. Então o que acontecia? Você já vai entender.

Também vejo muito isso na vida dos casais. Quando um dos dois se doa demais e o outro só recebe, este último pode se sentir incapaz de realizar coisas que envolvem a vida a dois. Então, parece que ele tem má vontade ou não tem disposição. Na verdade, a sensação é a de "não poder fazer", porque um recebe tudo do outro. A pessoa sente que não tem espaço para contribuir.

Outra questão que posso exemplificar são os trabalhos voluntários ou as ações sociais. Sei que pode ser até chocante o que vou lhe dizer agora, mas para se envolver em projetos sociais, tenha sempre consciência de que vai doar algo que não lhe fará falta, para que não se torne um peso para ninguém. Assim, você não gera desequilíbrio na sua vida, e nem na vida de outras pessoas.

Vi tantas amigas queridas fazendo o impossível pelo outro, mas com suas vidas arruinadas, porque elas não tinham essa consciência. Achavam que só precisavam se doar. No final da vida, algumas ficavam doentes e sofriam muito sem entender a razão de não serem ajudadas, já que tinham feito tanto pelas outras pessoas.

Enfim, o que quero dizer nesses exemplos é que, quando alguém doa "o tempo todo" e não permite que o outro lhe devolva, acaba gerando um desequilíbrio em algum ponto.

Isso acontece por causa da Lei da Troca e porque "a balança fica pendendo mais para um lado", como disse antes. Quem recebe demais pode sentir "o peso" de receber e não poder compensar. Ou seja, você pode bloquear as bênçãos que a vida tem para lhe dar, porque só quer doar, entende?

Acredito que refletir sobre a mensagem que deixei aqui e observar como está aplicando a Lei da Troca na sua vida é o primeiro grande passo para poder contribuir, fazer ações sociais ou outras atitudes que você julga serem importantes para você e para os outros, mas com equilíbrio.

SEU DESAFIO: Pensar no equilíbrio da sua balança. Comece a olhar para as suas ações todos os dias. Procure medir, refletindo se está fazendo para você o mesmo que tem feito pela sua família, cônjuge, filhos, trabalho, amigos e demais pessoas... Enfim, todos estão ganhando? Assim você vai aprendendo a se doar e receber de forma mais equilibrada, até mesmo no seu dia a dia.

AÇÃO DIÁRIA 2: DEFINA UMA INTENÇÃO CLARA

Ao acordar de manhã, tenha clareza sobre a sua intenção. Saiba quais são os seus objetivos naquele dia que inicia. Com uma forte intenção em mente, você se torna inspiração para as pessoas.

Para organizar seus esforços e saber onde está concentrando sua energia, a primeira coisa que precisa fazer é detalhar as suas atividades passo a passo.

Vou colocar a minha rotina no exemplo a seguir:

7h: *levantar.*

7h05min*: fazer a minha higiene pessoal e me arrumar para a caminhada.*

7h15min: *preparar a minha batida de frutas.*

7h30min: *caminhar com o Hugo (meu cachorro).*

8h30min: *chegar da caminhada e me arrumar para o trabalho.*

8h50min: *sair para o trabalho.*

9h: *chegar no estúdio.*

9h05min: *ligar o computador e me preparar para gravar vídeos.*

9h15min: *fazer as gravações.*

10h: *responder e-mails.*

10h40min: *analisar estratégias de trabalho, organizar conteúdos de cursos ou estudar algum curso.*

12h: *sair para almoçar.*

Minha intenção é que você saiba se está realmente seguindo um propósito, ou se tem muitas tarefas que lhe fazem perder tempo.

Agora é com você. Pegue papel e caneta. Faça uma lista com as tarefas mais rotineiras do seu dia a dia!

O importante dessa ação é analisar se tudo o que você faz – em uma manhã, tarde e noite – são tarefas produtivas para você. Assim é possível avaliar se você pode delegar alguma coisa, se está realmente fazendo o que importa ou se está perdendo tempo com coisas que não vão levar a lugar nenhum.

Talvez você diga: "Ah, mas minha rotina não é tão metódica assim. Para mim muda muito." Está certo, mas experimente criar uma rotina, que já vai ajudar. Não resista, apenas teste!

Depois de fazer a análise, comece a organizar a sua rotina numa agenda. Procure ter uma programação do que vai fazer diariamente, deixando alguns espaços, pois imprevistos ou mudanças repentinas acontecem. Está tudo bem, desde que esteja previamente preparado. Dessa maneira, você saberá como agir e o que fazer mais facilmente. Isso eu garanto. E mais, tenho certeza de que esse exercício simples vai ser transformador para você, assim como foi para mim.

SEU DESAFIO: Colocar foco nessa intenção. Planeje as suas ações numa agenda ou aplicativo. Tenha um propósito e se empenhe para realizá-lo! Pare de viver sem metas, sem saber o que é prioridade e sem objetivos diários. Sem planejamento e ação, dificilmente você conquistará os de curto, médio ou longo prazo.

AÇÃO DIÁRIA 3: SAIBA O QUE VOCÊ QUER DA VIDA

O que você me diria se eu lhe encontrasse agora para tomar um café e fizesse as seguintes perguntas: "Quais são as três maiores metas da sua vida?" ou "Como andam as suas metas?" Você tem as respostas na ponta da língua ou nem parou para delimitar isso ainda?

Saiba que você pode estar deixando de realizar tanto quando poderia, simplesmente por não saber para aonde está indo. Outra questão que aprendi sobre pessoas de sucesso: tão importante quanto saber onde se está é vislumbrar para aonde se está indo.

Já que você chegou até aqui, acredito que topou fazer esse caminho de autoconhecimento. Então, lembre-se do que se propôs e quais são as suas metas a curto, médio e longo prazo. Afinal, pesquisas demostram que o estabelecimento de objetivos claros dita o desempenho futuro das pessoas.

De fato, metas conscientes influenciam a nossa *performance* em geral. Estudos apontam uma enorme diferença no desempenho de pessoas que foram solicitadas a "fazer o melhor delas" das que foram ajudadas a definir as suas metas com clareza.

Em um estudo clássico, dois grupos de alunos receberam uma lista de problemas matemáticos para resolver. Ao primeiro foi dito simplesmente "faça o melhor que puder"; ao segundo foram dados objetivos específicos. Depois de uma semana e meia, o grupo com metas claras apresentou um desempenho bem melhor do que aquele simplesmente incentivado a oferecer o melhor de si.

Já se sabe que objetivos maiores e mais difíceis, em geral, aumentam o desempenho das pessoas. A razão é simples: grandes objetivos ampliam as expectativas que, por sua vez, influenciam fortemente o comportamento dos indivíduos. E mais, os objetivos precisam ser realistas e ter um passo a passo, se possível. Do contrário, as expectativas não serão estabelecidas e o efeito será reverso.

SEU DESAFIO AGORA: Escrever os seus objetivos. No Capítulo 1 já falamos sobre isso. Portanto, neste momento, se você ainda não o fez, faça! Volte lá no primeiro capítulo e coloque as suas metas no papel ou faça mais uma análise de como andam as coisas por aí!

AÇÃO DIÁRIA 4: QUANDO DESPERTAR, JÁ SE PROTEJA ENERGETICAMENTE

Cuide da sua energia para não se contaminar com lugares e pessoas que podem e vão interferir no seu estado de espírito animado e determinado!

Vou lhe passar agora a **Técnica do Cilindro e da Pirâmide**, exercício que sempre ensinava no consultório.

Caso você saiba outras formas de proteção, faça também! O importante é fazer essa blindagem e ter a intenção de proteger o seu campo de energia para se manter sempre bem e vitalizado. Vamos lá?

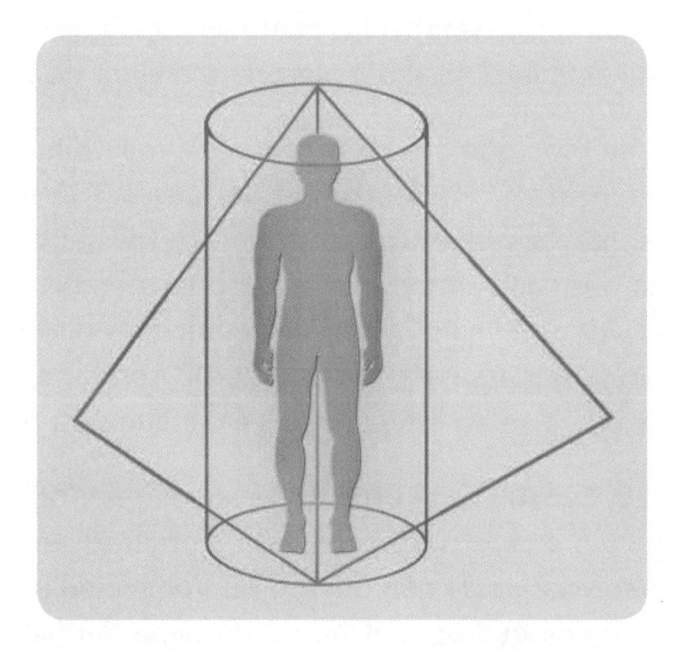

– Em primeiro lugar, imagine, mentalize ou sinta que ao seu redor começa a se formar um tubo ou um cilindro de luz. Esse cilindro de luz pode ter as cores ou a cor que a sua mente intuir.

– No topo da cabeça, perceba que há uma abertura que o conecta com as esferas superiores, a Deus.

– Por cima desse cilindro, imagine uma pirâmide de luz com as cores que você intuir. Caso surja em sua mente alguma outra cor, deixe que ela flua sobre você.

– Neste instante, peça proteção aos Seres de Luz em que você acredita e confia! Entre em conexão com este momento e sinta-se amparado e protegido!

Tenha consciência das outras questões que já falamos anteriormente! Você se lembra de como se fortalecer? Você precisa ter em mente como evitar se fragilizar ou se envolver nos problemas das outras pessoas.

De nada adianta fazer mentalizações e exercícios de proteção se você não se compromete com os seus objetivos, nem blinda a sua autoconfiança. Se qualquer coisa, por menor que seja, tira você da sintonia positiva, é difícil manter a sua proteção energética ativa, entende?

Outra dica que funciona: quando sentir que ficou abalado por alguma situação, recupere as suas forças fazendo algo que goste muito, como ouvir uma música que o anima, dar uma volta em algum lugar em meio à natureza, olhar um vídeo de alguém que mude esse estado negativo, rir ou procurar alguma ação que desperte alegria, que faça você se sentir muito bem.

O importante é quebrar o estado negativo e mudar a frequência. O que não dá é para ficar mal e inerte ao que foi captado, como se não fosse nada.

SEU DESAFIO: Usar o exercício que indiquei e se proteger diariamente a partir de hoje. De preferência, procure fazê-lo todas as manhãs quando acordar, quando se sentir esgotado, cansado ou "pesado". Se fizer à noite, antes de dormir, terá um sono mais revigorante.

> **AÇÃO DIÁRIA 5: CUIDE DA ENERGIA DOS AMBIENTES**

O ideal é você fazer alguma oração ou mentalização diária. Eu tenho o hábito de fazer rituais de manhã, quando acordo, e também durante a caminhada com os meus cachorros.

Costumo dizer mentalmente que *este vai ser o melhor dia da minha vida, que as experiências de ontem me fortalecem hoje e que estou pronta para o que vem pela frente*. Em seguida, mentalizo os meus pais, um de cada lado, e imagino toda a força deles e do meu sistema familiar. Penso também nas minhas atividades diárias, mantendo o foco no que é muito importante para mim. Parece algo simples, mas é muito poderoso.

Para o que vou lhe mostrar agora, escolha um dia e um horário na semana e prepare a sua limpeza energética, seguindo esses passos:

1. Faça o exercício de proteção energética que eu ensinei anteriormente – do Cilindro e da Pirâmide de Luz;

2. Prepare-se e acenda um incenso. Se você não gosta, não precisa utilizar;

3. Faça a sua oração preferida ou uma mentalização da sua preferência, enquanto passa pela casa toda (cômodo por cômodo) com o incenso, como se ambos ajudassem nesse processo de limpeza energética. (Caso não use o incenso, apenas vá em cada cômodo e faça a mentalização igualmente);

4. Finalize mentalizando o mesmo cilindro de luz do exercício citado anteriormente, só que o imagine na sua casa. Peça proteção espiritual do seu Anjo da Guarda ou do Ser de Luz que lhe acompanha e agradeça!

Pronto! De forma bem simples e fácil você já consegue fazer um trabalho de proteção e energização no seu lar. Eu faço nos finais de semana ou quando sinto que a energia da minha casa não está muito legal.

Além disso, toda segunda-feira à noite eu e o meu marido fazemos uma oração em conjunto. Mentalizamos uma luz violeta passando por nós, pela casa, pelas nossas empresas, pelas nossas famílias, pelos nossos colaboradores, pela nossa cidade, estado e país.

Vamos expandindo até que essas luzes envolvam o Planeta Terra. Depois, fazemos o mesmo processo com a luz branca, seguida da luz dourada. No final, rezamos um Pai Nosso e a Grande Invocação.

A GRANDE INVOCAÇÃO

Do ponto de Luz na mente de Deus
Flua Luz às mentes dos homens
Que a Luz permaneça na Terra.
Do ponto de Amor no coração de Deus
Flua Amor aos corações dos homens
Que o Cristo volte à Terra.
Do centro onde a vontade de Deus é conhecida
Que o propósito guie as pequenas vontades dos homens,
O propósito que os Mestres conhecem e seguem.
Do centro a que chamamos Raça dos homens
Que se manifeste o plano de Amor e Luz
E confirme a vontade para o Bem.
Que a Luz, o Amor e o Poder
Mantenham o Plano Divino sobre a Terra.
Que assim seja!
E sempre será
Porque assim É.

SEU DESAFIO: Programar um dia na sua agenda para fazer essa dinâmica em casa. Se você quiser e puder, faça no ambiente de trabalho também!

AÇÃO DIÁRIA 6: ACREDITE NO SEU "EU DO FUTURO"

Falamos muito sobre a importância de cuidar de si para poder cuidar do outro, além de saber "aonde se está indo". Acredito que se você não sabe onde está e nem o que quer, fica muito mais difícil criar a realidade que deseja, e também ajudar outras pessoas, certo?

Não sei como anda a sua meta, aquela que você traçou no início da leitura deste livro. Para alguns, a realidade já pode ter mudado e grandes acontecimentos terem surgido. Para outros, talvez nada tenha se modificado. Mas por quê?

Entre o ponto de "onde estamos e para aonde estamos indo" há um processo em que precisamos vencer algumas barreiras e medos. A mesma pessoa que lhe trouxe até aqui não é a mesma que vai lhe conduzir ao próximo nível. Por isso, saber quais habilidades e crenças trouxeram você até este momento atual vai ajudá-lo a seguir em frente.

O seu mundo exterior é um reflexo do seu mundo interior, e o seu mundo interior é resultado do que você acredita sobre si mesmo. Quer exemplos? O que você acredita sobre dinheiro dita a sua vida financeira. Já o que acredita sobre relacionamentos inspira a forma como você lida com o amor. E assim por diante.

Para realmente acreditar que vai conseguir o que quer, é preciso também saber por que você tem essas crenças. Bob Proctor, mais um dos mentores que gosto de seguir, diz que as nossas crenças são resultado do que acreditamos. Já o que acreditamos é resultado dos nossos paradigmas.

Mas você sabe o que é um paradigma? Resumidamente, trata-se da programação mental que controla os seus hábitos. Por isso, para mudar um paradigma, é necessário mudar o que você pensa sobre si mesmo e, claro, sobre o que acredita em relação a dinheiro, amor, sucesso, etc.

Pense: O que é possível (e impossível) para você ter neste momento?

Quando eu trabalhava na escola, não conseguia ter como meta ganhar mais do que R$ 3 mil por mês. Isso era o máximo que a minha mente podia conceber.

Hoje tenho duas empresas que faturam muito mais do que eu poderia imaginar receber. No entanto, para conquistar essa realidade, tive de mudar muito as minhas programações mentais. E isso não dizia respeito apenas à profissão que eu tinha escolhido, mas aos meus hábitos e às crenças sobre o meu potencial.

Lembro-me de um dia em que eu e o Paulo Henrique, meu "irmão de caminhada", estávamos conversando sobre metas. Ele dava cursos comigo naquela época e me perguntou quanto eu almejava ganhar como terapeuta. Eu respondi que, se conseguisse dobrar o valor que ganhava na escola, já estava bom demais para mim. Isso seria em torno de R$ 3 mil. Ele não falou nada para mim naquele dia...

Dois anos depois dessa conversa, estávamos ministrando um curso na cidade de Nova Prata/RS. Na volta da viagem, o Paulo Henrique me perguntou quanto eu estava ganhando como terapeuta. Eu contei a ele que já passava de R$ 10 mil por mês. Aí o meu amigo me fez lembrar do que havíamos conversado anos antes.

Então, eu me dei conta de como a minha ambição era pequena diante do meu potencial. A minha mente não concebia ser mais, nem receber mais. Naquela ocasião, ele me disse que se sentia feliz em ver o meu progresso, em perceber que eu tinha saltado aquela barreira e conquistado uma realidade tão diferente.

Hoje a minha mente deu mais um salto, ampliei os meus horizontes e foquei em outros projetos que me fizeram realizar metas grandiosas, ajudar muito mais pessoas e conquistar uma vida próspera.

Porém, esse não foi um caminho fácil, muito menos mágico. Eu experimentei uma jornada de muitas renúncias, trabalho e empenho. Deixei de sair com amigos, ir a festas, olhar programas na televisão, viajar e sair de férias e tantas outras coisas. Tudo porque eu tinha um propósito. As minhas metas me ajudaram a atingir esse objetivo e o que mais importava para mim era alcançar essa realidade.

Naquela época, as pessoas não entenderam e julgaram muito as minhas atitudes, pois acreditavam que eu não podia "deixar de viver a vida" para ser bem-sucedida. Mal sabem elas que foi por causa desse propósito que eu vivi a vida de verdade.

Falo para você com toda a verdade do meu coração: eu prefiro a Cátia que tem uma vida de abundância e riqueza, do que a Cátia pobre, sem ambição nenhuma, que só queria curtir a vida.

Em uma passagem do livro *Os segredos da mente milionária*, o autor diz que o objetivo de ser milionário não lhe dá apenas dinheiro, mas torna você uma pessoa melhor porque está em busca desse objetivo.

Quero repetir o que falei muito aqui: o fato de querer mais para a sua vida fará você evoluir. Dessa forma, você se torna uma pessoa melhor e se sente muito mais capaz de ajudar outras pessoas.

SEU DESAFIO: Trabalhar a sua autoimagem e acreditar no seu "Eu do Futuro". Saiba os resultados que você quer ter, pois isso ninguém fará por você. Pare de olhar somente para o que você tem hoje e que lhe faz sofrer. Concentre-se de verdade em ter o que quer. Crie uma imagem clara do seu objetivo e das metas que ajudarão você a alcançá-lo. Fixe essa imagem em sua mente.

No livro *Peça e será atendido*, Esther e Jerry Hicks dizem que bastam apenas alguns segundos concentrando a sua atenção em um assunto para você ativar a vibração dele dentro de você. A Lei da Atração começa imediatamente a responder a essa ativação.

Se você retornar repetidamente a um pensamento, mantendo-o por pelo menos 68 segundos, esse pensamento se tornará dominante em um curto espaço de tempo. Depois de conseguir que um pensamento se torne dominante, você experimentará as manifestações correspondentes até modificar a sua realidade.

A dica é: fique por 68 segundos visualizando e construindo na sua mente a realidade que quer. Use os seus sentidos para associar o pensamento e as emoções ao seu desejo. Experimente!

AÇÃO DIÁRIA 7: INSPIRE OUTRAS PESSOAS CURANDO A SI MESMO

A sua história de superação pode ser uma fonte de inspiração para as outras pessoas. Você cura as pessoas quando cura a si mesmo. Por essa razão, quando estiver acessando algum conhecimento ou lutando para vencer, viva intensamente o momento para obter os aprendizados. Com isso, você pode inspirar outras pessoas a partir da sua principal área de interesse. E quem sabe até possa usar esse conhecimento na sua vida profissional:

1. Procure orientar as pessoas em um tópico que você ache fascinante e sobre o qual goste de aprender. Se você sempre se pega comprando livros sobre liderança, aí está uma pista do que pode ser o seu tópico.

2. Escolha um tópico com base em algo que você adora fazer. Em qual atividade você adora atuar, quais são suas paixões neste momento? Esses são grandes pontos de partida para o processo de selecionar um tópico.

3. Pense sobre o que você sempre quis aprender. Em todos os campos só fazem sucesso aqueles que começam como aprendizes. Os melhores médicos do mundo, por exemplo, não foram doutores especializados no início das suas carreiras. Antes, foram estudantes, depois clínicos gerais e, em seguida, especialistas. A parte prazerosa da indústria de recomendações práticas e úteis é que você pode se tornar um profissional de sucesso em qualquer tópico, o que significa se reinventar a qualquer hora. Você define os termos de sua carreira e seleciona o trabalho e o tópico de sua atividade profissional. Sendo assim, sobre o que você adoraria aprender e, depois de obter resultados, pesquisar bastante e se tornar um modelo de comportamento, entrar no mercado e ensinar aos outros?

4. Considere o que já passou na vida. Você teve um divisor de águas, um triunfo ou uma tragédia que o fez pensar: "Uau, sobrevivi a algo importante, e agora quero passar isso aos outros de modo que possam minimizar seus sofrimentos"? Você teve experiências pessoais ou no trabalho que forneceram uma história peculiar, uma série de habilidades ou uma perspectiva que gostaria de compartilhar? Às vezes, o meio mais simples de descobrir indicações para o que você deveria fazer no presente ou futuro é olhar os marcos do seu passado.

5. Selecione um tópico sobre o qual deseja falar, viver e respirar pelos próximos cinco anos no mínimo. Para finalizar, procure um assunto que você absolutamente ame e propague o que aprendeu e vivenciou a quem chegar até você.

SEU DESAFIO: Motivar alguém pelo seu exemplo. Você conseguiu descobrir a sua principal área de interesse? Siga as dicas e encontre um assunto que o motiva a ir além, a superar os seus limites. Depois, compartilhe o seu conhecimento sobre esse tópico e as suas experiências. Você não imagina o quanto isso pode ser útil para as outras pessoas, fazendo muita a diferença na vida delas.

A ROTA PARA 7 DIAS

Agora um resumo com ações que vão fazer a sua vida mudar:

1. Analise se está se doando e recebendo de forma a equilibrar a sua balança.

2. Defina uma intenção clara e planeje as suas ações diariamente.

3. Anote seus objetivos a curto, médio e longo prazo. Revise-os sempre que possível. Lembre-se: Se alguém lhe perguntar sobre as suas metas, isso precisa estar na ponta da língua!

4. Esteja atento para blindar a sua autoconfiança quando sentir interferências negativas.

5. Cuide da energia dos ambientes.

6. Acredite no seu "Eu do Futuro" e sempre tenha a sua autoimagem clara na mente!

7. Inspire com suas histórias de superação: fique presente para isso!

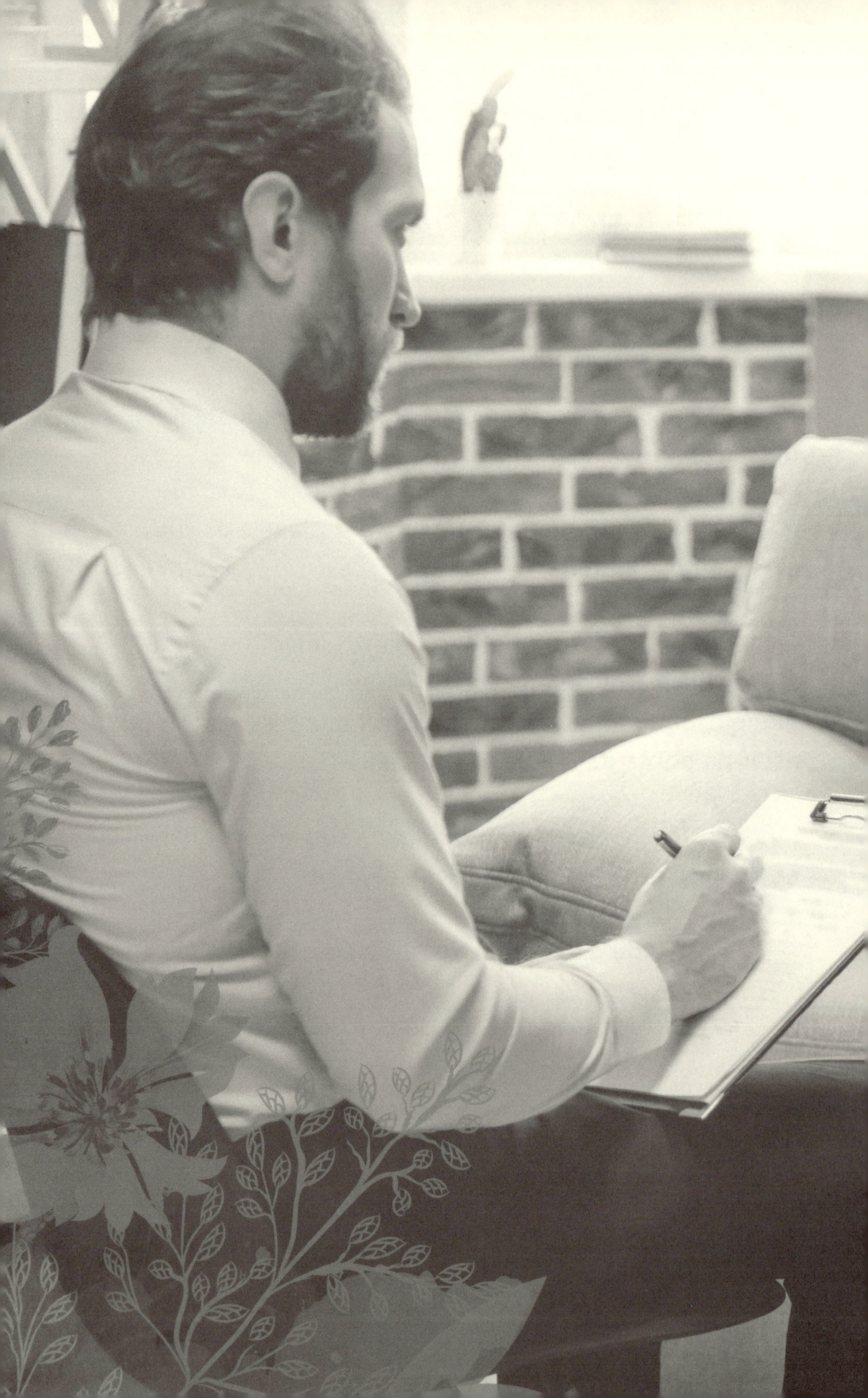

CAPÍTULO 7

Casos de consultório

AGORA QUERO COMPARTILHAR COMO A TERAPIA HOLÍSTICA me ajudou a compreender tudo o que falei com você até aqui. Por isso vamos mergulhar em alguns casos que atendi em consultório. Certamente você vai se identificar com algumas dessas histórias. Além disso, vai ter acesso a orientações específicas para colocar em prática tudo o que foi dito até agora.

Antes de falar do primeiro caso, quero honrar e agradecer a cada história de vida e a cada pessoa que me ensinou sobre ser terapeuta.

Quero aproveitar para falar sobre como funciona o processo de uma primeira consulta. Você vai saber como eu costumava atender e o que indico para terapeutas aplicarem em consultório. Atualmente um dos meus projetos de vida é ajudar profissionais dessa área a se posicionarem e terem sucesso.

Vamos lá?

Como funciona a primeira consulta?

Uma das coisas que sempre fiz é pensar no meu cliente, em cuidar para que ele tenha uma experiência positiva comigo. E, se possível, surpreendê-lo com pequenos gestos ou atitudes.

Quando fazemos isso, além de ele se sentir amado e amparado durante todo o processo que estivermos juntos, ainda vai indicar o nosso trabalho para outras pessoas.

Então, quando o cliente chegava para eu atendê-lo, sempre o recebia com um abraço, oferecia um chá ou café, perguntava se precisava de algo e depois o conduzia até o consultório.

Nunca me atrasei para uma consulta, pois penso que isso é uma questão de respeito com a pessoa que buscava o meu atendimento. Por isso, sempre chegava uns 30 ou 40 minutos antes para preparar tudo, alinhar a minha energia, meditar e me conectar com o trabalho que ia fazer com aquela pessoa.

Como hoje em dia alguns terapeutas (e até eu mesma) atendem muito *on-line*, o primeiro passo para trabalhar nesse formato é definir como vai ser o processo.

Depois disso, quando o cliente agenda o atendimento, costumo mandar as indicações para que ele se prepare, e fico disponível (ou alguém do meu suporte) para auxiliá-lo caso seja preciso. Principalmente para acessar a plataforma onde será feita a consulta. Essa ajuda pode ser feita pelo WhatsApp ou por outra forma que seja melhor para o terapeuta.

Outro ponto importante é se preparar: da mesma forma que nos atendimentos presenciais, eu chegava antes, organizava o que era preciso, meditava e me conectava com o cliente.

Como funciona dentro do consultório?

Ao iniciar o atendimento, eu perguntava os dados pessoais do consultante. E, em seguida, questionava o motivo pela busca do atendimento. Queria entender quais eram as dificuldades e dores que ele estava enfrentando naquele momento. A partir disso, eu conduzia outras perguntas que me ajudavam a nortear o trabalho. Algumas até já estavam no meu roteiro, outras surgiam conforme o andamento da conversa e de acordo com a minha intuição.

Lembra que já lhe falei sobre o que aprendi como *coach*? Eu criei o hábito de perguntar mais para evitar dar respostas prontas. Partindo dessa ideia, entendia sempre que o meu papel como profissional era o de orientar e apontar caminhos, baseado no que o cliente sentia que era coerente para ele naquele momento.

A seguir, quero compartilhar este modelo com as principais perguntas para um roteiro de atendimento:

– O que incentivou você a buscar a terapia? O que fez você estar aqui na minha frente hoje?

– De 0 a 10, que nota você daria para sua vida?

– O que falta para ser 10?

– Há situações que acontecem ciclicamente na sua vida? Existe algo que o chateia e que já aconteceu mais de uma vez?

– Como é a sua relação com os pais?

– Há algum fato marcante na sua infância? E na adolescência?

– Como são suas relações afetivas?

– Quais são as suas metas? O que você quer para si?

Nesse primeiro contato, eu me concentrava nas dificuldades e nos objetivos do consultante. Ao saber o que ele estava buscando para a sua vida, conseguia orientá-lo da melhor forma. Assim, eu também tinha condições de conduzir os próximos atendimentos.

Todos esses questionamentos geravam algo interessante. Geralmente, a pessoa olhava para a sua história de vida e tinha grandes *insights*. Muitas vezes, só o fato de fazer essa reflexão já a ajudava. Ela se sentia tão mais leve para seguir a sua jornada, porque entendia muita coisa que nunca tinha parado para pensar antes.

Depois de conversar a respeito dessas perguntas, eu costumava aplicar alguma técnica ou realizar exercícios para alinhar a energia do consultante.

Agora, antes de apresentar os casos de consultório, quero avisá-lo que eles também estão disponíveis no meu canal do YouTube. Para vê-los, acesse a *playlist* "Casos de Consultório".

Outra coisa muito importante: tudo o que vou mencionar aqui foi baseado no trabalho que desenvolvo e também nas ferramentas que achei pertinentes para o momento. Entretanto, não quero ser determinista a ponto de dizer que só o que eu fiz é o certo ou o melhor.

Cada atendimento é único. E cada caso precisa ser avaliado com cautela e discernimento. Sendo assim, não quero dizer que o que vou abordar a partir de agora funcionará para todos que vivem situações parecidas.

Para saber sobre algum caso em especial, é preciso conhecer profundamente a história da pessoa. Somente depois de uma avaliação profissional é possível apontar caminhos para que ela se encontre e busque a sua evolução.

1. Caso de consultório: Como viver o seu papel dentro da família para "se encontrar" na vida.

Neste caso que vou relatar agora, a consultante chegou dizendo que precisava se reencontrar e que se sentia perdida na vida profissional.

Ela já havia morado fora do Brasil, e quando voltou abriu uma empresa de turismo. Porém, sentia-se insatisfeita. Por outro lado, ela não tinha ideia do que fazer ou em qual profissão atuar. Com isso, dizia que tentava mudar e não conseguia, pois não via outros caminhos.

Ainda pensava que precisava de disciplina, irritava-se por qualquer coisa, sentia preguiça e falta de vontade no dia a dia. A vida financeira estava ruim, a sua empresa não prosperava e os negócios não iam bem. Até que estava bem no relacionamento, mas precisava lidar com a filha do casamento anterior de seu parceiro e não estava sendo fácil administrar essa situação.

Durante a nossa conversa, perguntei também sobre como era a relação com os pais, como foi a sua infância e adolescência, para entender melhor os motivos mais profundos que fizeram a realidade dela ficar dessa forma.

Ela contou que os pais se separaram porque o pai traía a mãe. Mas eles permaneceram um período casados por causa dela. Disse ainda que não tem muito afeto pelo pai e que se sentia desamparada e desprotegida com relação a ele.

Quanto à mãe, sentia que ela precisava muito da filha. Sendo assim, ela se sentia muito responsável por ajudar e estar sempre perto da mãe.

Análise de caso

Durante todo o livro, já vimos muito sobre a importância de resgatar as nossas origens, certo? No consultório, eu também indico esse resgate.

Analisando mais profundamente esse caso, dá para entender que a principal dor era "a de não se encontrar na vida", porque todo o resto era consequência disso. Se você ler novamente, vai perceber que todos os outros sintomas estão relacionados a essa questão.

Então, eu ajudei essa pessoa a realmente olhar para si, a ressignificar o seu relacionamento com os pais e a entender que tudo aconteceu como tinha de ser.

Ela começou um profundo processo de aceitação, pois existia uma revolta muito grande em seu interior, além de uma necessidade de ser livre daquilo que a fazia se sentir responsável. Por isso, ela não estava "disponível" para enxergar possibilidades na própria vida.

Mesmo com algumas questões fora de seu controle: o pai com outra família e outra vida, e a separação dos pais sendo um fato do passado, ainda assim essa cliente carregava um peso e uma "certa responsabilidade" pela infelicidade da mãe.

Diante desse exemplo, eu vou dar algumas dicas para trabalhar a aceitação. Esse exercício também pode ajudar você a "ficar mais disponível" para a vida. Aqui estão orientações com base no que fiz com essa cliente, além de todo o conhecimento que adquiri até hoje.

Como terapeuta, sempre procurei personalizar o meu atendimento, para que o cliente se sentisse acolhido. Esse procedimento também trazia a certeza (tanto para ele, quanto para mim) de que o trabalho estava ocorrendo da melhor forma.

Dicas de consultório

Para trabalhar a aceitação, eu iniciei com o processo de resgate da origem. Solicitei que a cliente mentalizasse primeiro a sua mãe, depois o seu pai:

Entre em sintonia com sua mãe e sinta o seu amor, como se você estivesse em seu colo.

Receba todo o conforto e o amparo dela.

Depois, diga mentalmente: "Eu sinto muito por todas as vezes que deixei de ser filha e quis ser responsável por você! Eu fiz isso por amor, mas agora preciso seguir a minha vida e você a sua. Por isso, a partir de hoje, serei sua filha e ocuparei o meu lugar!".

Agora, mentalize o seu pai e sinta a força que ele tem.

Então, diga mentalmente: "Eu sinto muito por todas as vezes que desejei que você fosse diferente. A partir de hoje eu aceito tudo como foi e ocuparei o meu lugar de filha, para receber todo o seu amor de pai!".

Após esse exercício, eu apliquei uma técnica de energização que estava conectada com o momento.

Para ajudá-la a se libertar do passado e vibrar em uma nova realidade, indiquei a "Oração Para Ter Sucesso", que está na página 105, além da prática disponível na página 108 deste livro.

Como essa consultante fazia parte do Grupo das Vítimas, mostrei a importância do desapego, com orientações que estão disponíveis na página 55. Também mostrei as "Palavras Mágicas" desse grupo (página 62), para que ela mentalizasse todos os dias.

Outra prática fundamental que eu indicava no final dos atendimentos era a do "Cilindro e da Pirâmide", que está na página 120. Entregava tudo em um Manual do Consultante. Nesse presente que eu preparava para os meus clientes, colocava alguns exercícios que davam continuidade ao trabalho que havíamos começado no consultório.

Certamente, depois de fazer toda a reflexão, além das práticas, a pessoa já se sentia mais leve. Porém, ela não resolvia todo o problema de "se encontrar" na vida. Esse era apenas um movimento inicial, para que a cliente se sentisse mais disponível para perceber as oportunidades. Assim, ela conseguia se abrir para a vida e receber tudo o que era de seu merecimento.

Nas próximas consultas, o ideal seria auxiliar essa pessoa a perceber o que a faz feliz, ajudá-la a elaborar as suas metas de vida e fazer todo o trabalho de conscientização dos seus próximos passos.

Caso você seja terapeuta, vou deixar a seguir indicações de artigos complementares para ver no meu blog.

Quer aprender dicas de como preparar energeticamente o consultório? Acesse:

Quer saber como se desconectar da energia negativa do atendimento? Acesse:

Para que esse conteúdo adicional seja exibido, você precisa usar a câmera do seu celular para escanear as imagens do código. A maioria dos celulares possui o leitor de QR Code, mas caso você não tenha em seu aparelho, baixe gratuitamente o aplicativo QR Code Reader.

Além disso, toda semana eu faço uma *live* no meu Canal do YouTube para contar casos de consultório e dar dicas sobre cada situação que se apresentava na vida dos meus clientes. Se você quiser saber mais, basta acessar o Canal Cátia Bazzan, combinado?

2. Caso de consultório: Como destravar a sua vida e receber as bênçãos que você merece?

Neste caso que vou contar agora, a consultante chegou com problemas financeiros e alguns conflitos na família. Ela dizia que queria ter mais foco e aumentar o seu rendimento no trabalho.

Também falou que era muito sensível, chorava por qualquer coisa e a sua vida financeira tinha "altos e baixos". Parecia que, quando tudo ia bem, de repente ela tinha algumas despesas extras e aí não conseguia mais se equilibrar financeiramente.

Outra questão muito forte que detectamos foi sobre o sentimento de incapacidade e frustração: mesmo tendo metas e se esforçando para atingi-las, o resultado não vinha como o esperado.

Por isso o que ela mais queria era ter foco e melhorar a sua prosperidade. Além disso, vimos que ela precisava resgatar o amor-próprio, acreditar mais em si e nos seus potenciais.

Depois de me falar sobre os seus desafios e objetivos, ela continuou me contado que, naquele momento, os pais moravam com ela, pois estavam doentes, e ela sentia "uma certa" distância deles. Era a filha mais nova do casal e tinha apenas uma irmã.

Essa cliente lembrou da infância, fase em que seu pai bebia muito e não havia diálogo entre eles. Falou que ele reclamava o tempo todo e que nada estava bom. Percebia que sua mãe aguentava tudo, mesmo sofrendo, pois entendia que tinha de ser forte.

Também relatou que, desde muito jovem, precisava "se virar" e assumir responsabilidades. Quanto aos relacionamentos amorosos, me disse que amou uma pessoa e queria muito ficar com ela, mas não ficaram juntos naquela época. O tempo passou, ele casou e teve um filho.

Anos depois, se reencontraram e ficaram juntos por cinco anos. Disse que o parceiro era ciumento. Ela queria casar, assumir um compromisso, mas ele não quis, o que a decepcionou muito.

Análise do caso

Quando analisamos o contexto de forma mais abrangente, dá para entender que a principal dor era a frustração por não conseguir ter o que gostaria, além do sentimento de incapacidade. Tanto que isso se refletia na vida financeira, nos relacionamentos amorosos e na vida dela como um todo.

Para contextualizar e trazer a melhor orientação sobre o que pode ajudar nesse caso, vamos recapitular brevemente o papel dos pais na nossa vida?

Com base nos ensinamentos da Constelação Familiar, método de Bert Hellinger, a mãe representa a forma como construímos a vida. É a energia de mãe que vai fazer o nosso trabalho crescer e prosperar, pois é ela quem nos carrega por nove meses dentro da barriga.

Por essa razão, precisamos olhar para a mãe, respeitar o lugar dela de "grande" e nos colocarmos em nosso lugar de "pequenos", para então receber toda a força que ela tem, pois essa mesma força que a mãe teve para nos formar e nos criar podemos dedicar ao nosso trabalho.

E, se a mãe é quem nos dá força para construir a vida, o pai é quem nos fortalece para levar o nosso trabalho e o que temos de melhor dentro de nós para o mundo.

De novo: respeitar e honrar quem veio antes nos dá muita força. Além disso, se você respeita a ordem e a hierarquia, também consegue colocar a sua vida em ordem.

Falo disso porque esse era o desafio dessa consultante. Ela queria mais foco e equilíbrio na vida profissional e financeira. Portanto, o ideal era começar resgatando isso tudo, para depois pensar em metas e objetivos, pois se esse resgate não for feito, ela vai entrar novamente no ciclo de tentar e não conseguir, entende?

Então, agora eu vou dar algumas dicas sobre como resgatar isso, na prática, para ativar a força que nos torna capazes de ter a vida que merecemos.

Lógico que aqui darei algumas orientações com base no que fiz com essa cliente. Mas, como já vimos, cada caso é um caso, certo?

Dicas de consultório

Nessa situação em especial, indiquei uma mentalização, pedindo que a pessoa se sentisse amada e acolhida pelos pais, para então receber as bênçãos que a vida pode oferecer. A minha proposta para ela foi a seguinte:

Feche os seus olhos e respire profundamente.

Imagine, mentalize e conecte-se com o momento em que você foi concebida e criada.

Sinta o quanto você está protegida e amparada. Sinta o amor da sua mãe e a força do seu pai.

Neste momento, receba a energia dos seus pais, a bênção e o maior presente que eles poderiam lhe dar: a vida.

Mereça ter tudo de melhor que a vida tem para lhe oferecer. Abra o seu coração e apenas sinta como é lindo receber para poder doar.

Agora, conecte-se com o momento presente e olhe para você!

Do seu lugar, sentindo-se filha deste casal, imagine a sua mãe do lado esquerdo e o pai do lado direito, e receba todo o amor e toda a força que eles podem lhe ofertar, para que você consiga acreditar em você e no seu futuro.

Neste momento, pense em tudo o que você quer conquistar: a prosperidade, o equilíbrio financeiro, o foco e o que vier em sua mente.

Veja como é o seu futuro! Veja o seu futuro de sucesso e de abundância! Sinta-se merecedora de receber os presentes que a vida pode lhe dar, pois você recebe toda a bênção de quem lhe deu a vida!

O ideal, nesse exercício, é praticar mais vezes. Se você é terapeuta, grave um áudio e mande para seu consultante ouvir todos os dias. Assim ele vai se conectar com esses movimentos e se sentir mais fortalecido.

O foco para esse caso foi ajudar a consultante a se sentir amada e amparada novamente, resgatando o amor e a força que a fez vir ao mundo, para então se conectar com a realidade que ela desejava ter.

Outro exercício que indiquei está na página 75. Trata-se de um complemento para ela "olhar para dentro de si" e reconhecer os seus potenciais.

Também passei dicas essenciais sobre o Grupo dos Sugadores (página 55), do qual ela fazia parte, e as "Palavras Mágicas" para liberar o inconsciente de memórias negativas (página 61).

Nesse caso é importante usar a técnica do "Cilindro e da Pirâmide" diariamente (página 120). Como disse anteriormente, essa prática eu indicava para todos que atendia.

Lembrando que essa ação seria trabalhada apenas na primeira consulta. É importante dar continuidade ao atendimento para que o terapeuta acompanhe os movimentos que serão feitos pelo seu cliente. Assim, poderá ajudá-lo em seus próximos passos.

Para finalizar, quero indicar aqui os vídeos que fiz com dois alunos do *Top Terapeuta* que atuam com Constelação Familiar: a Franciele Dias e o Benito Ribeiro.

Ambos dão dicas de como você pode "olhar para os seus pais" e então ter sucesso na vida. Essas informações complementam tudo o que falei até aqui.

O vídeo está no meu canal do YouTube, intitulado "Sucesso - Essa prática pode te deixar rico". Mas você também pode acessá-lo escaneando este QR Code:

3. Caso de consultório: Como vencer o medo de perder e acreditar no amor!

Neste caso de consultório, a consultante contou que o maior desafio dela era com relação ao ciúme que sentia constantemente do marido.

Mesmo o casal se dando bem, era algo incontrolável. Embora tivesse consciência de que isso não era bom para a relação deles, ela tinha muito medo de perdê-lo.

Naquele momento, ela estava cuidando e administrando a empresa deles, pois o marido ficava fora durante a semana, trabalhando em outro emprego.

Desde criança, a cliente se sentia inferior, insegura, incapaz e com muitos medos. Além disso, tinha dificuldade de concentração. Perfeccionista, se autocobrava muito.

Era a filha mais nova da família. Achava que a mãe não queria mais ter filhos quando ela nasceu e percebia uma "certa rejeição" materna. Disse que nunca teve colo ou recebeu apoio dela. Por isso criou muita afinidade com a irmã mais velha, pois ela a aconselhava.

A mãe era depressiva e muito negativa. Já o pai era mais humilde e submisso, pois em casa era a mãe que comandava. Lembrou que os pais não eram afetuosos e que as filhas não ganhavam carinho. Não recordou muito da sua infância. Sobre a adolescência, o ponto alto era o seu relacionamento, pois já estava casada há mais de 30 anos. Um fato marcante também foi a perda de um filho, causada por erro médico.

Análise do caso

Apoiada em meus estudos, analisei a maneira como a cliente se relacionava com os pais. Entender mais profundamente a causa desses desequilíbrios, como já mencionei, requer um olhar mais apurado para as nossas origens.

Nesse caso, quando observamos o contexto de forma mais abrangente, percebemos que a principal dor era a insegurança e o medo de perder. O ciúme, a sua principal queixa naquele momento, era apenas um reflexo disso.

Indo mais além em toda essa reflexão, fui compreendendo que havia um processo de exclusão muito forte, principalmente com relação aos pais. Embora ela me dissesse que já tinha trabalhado essa questão, senti que ainda havia algo a ser resgatado.

Na época em que atendi essa cliente, ela veio em busca de regressão terapêutica. E durante a terapia dela, aprendemos algumas lições que quero compartilhar com você. Também vou falar de alguns conceitos e dicas que usaria atualmente e que estão relacionadas a esse caso.

Como terapeuta, sempre entendi o relacionamento amoroso como a maneira pela qual estamos nos relacionando intimamente com nós mesmos. A forma "como eu me trato" mostra muito como eu me posiciono nos relacionamentos amorosos – de maneira equilibrada ou desequilibrada.

Se formos mais a fundo nessa reflexão, podemos perceber que o que há de mais íntimo para resgatar em nós está relacionado a quem nos deu a vida, ou seja, o nosso pai e a nossa mãe.

Afinal, quando você está em harmonia com os seus pais, consegue ficar em harmonia com a vida. E isso faz com que seja feliz com você mesmo, e mais feliz ainda quando compartilha a vida com outra pessoa.

***Pense: Como alguém vai gostar de você,
se você mesmo não gosta da sua companhia?***

Na maioria das vezes, a falta de amor-próprio é um reflexo de não olharmos para os pais de forma inteira e não concordarmos com a atitude deles. É preciso entender que eles fizeram o que podiam e, por amor, agiram da forma que julgaram ser o melhor para nós.

Portanto, quando você busca em outras pessoas aquilo que só os seus pais podem lhe dar, acaba gerando alguma desordem, pois inconscientemente você os exclui da sua vida. Já falamos sobre isso no início deste livro.

"Eu me torno tudo aquilo que eu excluo". Você lembra? Assim, compreendemos o motivo de muitas vezes ficarmos repetindo os mesmos padrões, além de vivermos novamente aquelas dores que queremos evitar.

Agora você entende o ciúme incontrolável que essa cliente tinha? O que ela sentia com relação ao marido era um reflexo do quanto ela buscava o amor dos pais, principalmente o da mãe. Algo que já vou mostrar como pode ser resgatado na prática.

Quero repetir algo muito importante: diante desse olhar, por favor, entenda que, quando falo sobre a busca pelo amor dos pais, não estou dizendo que eles foram culpados de algo, ok? Mas sim que você precisa concordar com o que aconteceu. Dessa forma, conseguirá fazer esse resgate e receber o amor deles.

Agora eu darei algumas dicas a partir da minha experiência com essa cliente. Lembrando novamente que o terapeuta precisa personalizar o seu atendimento, orientando e ajudando de forma exclusiva, olhando para a necessidade que a pessoa tem naquele momento. Afinal, cada caso é um caso.

Dicas de consultório

Vamos a algumas lições que foram trabalhadas, mais algumas práticas que a ajudaram. Para complementar as orientações para esse caso em específico, também vou compartilhar uma mentalização.

O maior ensinamento que veio durante todo o processo que trabalhamos em consultório foi o seguinte: a consultante precisava assumir quem nasceu para ser, os seus objetivos e, claro, o resgate com a mãe para recuperar o amor-próprio e ter força para realizar esses desejos.

Em todos os casos e, em especial nesse, é essencial indicar que a pessoa se conecte diariamente com os pais, imaginando e sentindo que a mãe está do lado esquerdo e o pai do lado direito. Permitindo-se receber deles todo o amor, sem julgamento ou reinvindicações.

Para trabalhar isso na prática, você pode fazer a meditação a seguir ou conduzir algum exercício semelhante para ajudar nesse caso.

> *Feche os seus os olhos e se conecte com você, com o seu corpo. Inspire e expire profundamente e sinta este momento, sinta você.*
>
> *Agora mentalize a sua mãe. Independentemente de você a conhecer ou não; de ter um relacionamento bom ou não com ela. Neste momento apenas entre em sintonia com a força de quem lhe deu a vida.*
>
> *Olhe para sua mãe e receba todo o amor que ela lhe deu. Sem julgar nada, acolha no seu coração e concorde com tudo o que veio antes.*

Certamente ela fez o que fez para lhe proteger e por amor a você.

Sinta como se você estivesse no ventre dela, um só corpo, a mesma circulação, a mesma respiração. Os sentimentos dela também são os seus. A dor dela é a sua dor, os medos dela também são os seus. Sinta profundamente esta conexão!

Sinta o amor e o esforço dela, que lhe carregou durante nove meses no ventre, mais o momento do parto. O momento em que ela lhe trouxe à vida e lhe deu o maior presente.

Perceba também o momento em que você se separou do corpo dela, do corpo da sua mãe. Você está sendo alimentado nos braços dela.

Naquele instante existia uma felicidade natural. E com essas lembranças você vê o quanto perdeu em não continuar o seu caminho ao lado dela.

Mesmo que tardiamente, diga a ela o quanto você concorda e agradeça por tudo o que vocês passaram! Diga mentalmente: "Muito obrigada, mãe, por ser quem você é! Eu amo você!".

Sinta a força deste momento e o que representou esse olhar para a mãe! Afinal, a vida chega até nós através da mãe. Assim como tomamos a mãe, tomamos a vida.

Por isso, a relação com a mãe é o primeiro lugar em que a vida dá certo.

No final, conversei com a cliente para saber como ela estava se sentindo. Em casos assim, a pessoa precisa fazer um exercício diário para se conectar com a mãe.

Portanto, ela poderia repetir essa mentalização mais vezes. Ou ainda visualizar diariamente os pais para se conectar com o amor e a força deles. Afinal, esse seria o primeiro grande passo para se libertar do ciúme e dos medos que ela mencionou.

Como essa consultante fazia parte do Grupo dos Doadores, recomendei as dicas da página 54 como complemento. Além disso, ela precisava treinar o "dizer sim para si" e viver pelos seus propósitos, e não apenas pelos objetivos do marido.

Também indiquei as "Palavras Mágicas" (página 60) para ajudá-la a se liberar das suas crenças e medos inconscientes, e a técnica do "Cilindro e da Pirâmide" (página 120) todos os dias.

4. *Caso de consultório: Aprenda a dizer não, elimine a frustração e receba mais reconhecimento do mundo e das pessoas.*

A história que vou contar agora é de uma consultante que se sentia triste. Às vezes não tinha vontade de sair de casa. Tinha terminado recentemente o namoro, mudado de emprego, sentia muita ansiedade e estava desanimada com a vida que levava.

O que ela mais queria era entender o que estava acontecendo e voltar a ter alegria. Também comentou sobre "saber dizer não", pois tinha consciência que se doava e se dedicava muito às pessoas e ao que fazia, mas não recebia reconhecimento, nem retorno, o que a frustrava e incomodava. Além disso, ela relatou que estava tomando medicamentos para depressão.

Por outro lado, era apegada à família e a quem ama. Havia uma tendência a não falar sobre o que ela não gostava, nem de seus problemas. Aí quando "explodia" vinha tudo de uma vez. Irritava-se e liberava tudo o que estava guardado há tempos, brigando até com quem não queria.

Agora falando sobre os pais e as lembranças da infância, disse que não tinha afeto pelo pai, que brigavam muito e ele era distante, mas que os irmãos supriram a sua falta.

Filha mais nova do casal, era uma criança brincalhona, alegre e que se enturmava bem. Disse que teve carinho e amor dos irmãos e da mãe. A mãe sempre foi guerreira e batalhou muito.

Quanto aos relacionamentos amorosos, falou que tinha a tendência de apoiar e era carinhosa. Porém, sentia que não era reconhecida, que não recebia na mesma proporção.

Análise do caso

Ao analisar profundamente a situação dessa consultante, entendemos que a sua principal dor era a do não reconhecimento, além da perda da alegria de viver. Tanto que ela estava tomando remédios para resolver isso. Então, ficava evidente o quanto ela precisava se reconhecer para depois receber o reconhecimento das pessoas.

Afinal, o que acontece "fora de nós" é apenas um reflexo de como estamos "por dentro". Mas, para que isso aconteça, é necessário resgatar o amor de quem nos deu a vida. Nesse caso em especial, o resgate maior era com o pai.

A forma como ela se colocava no mundo e nos relacionamentos estava associada à relação com o pai. Essa distância com a figura paterna trazia como consequência tudo o que ela relatou na consulta.

É importante relembrarmos a Lei do Pertencimento, da qual já falamos aqui. Na prática, quando essa lei está em desequilíbrio, há uma necessidade de sermos aceitos e de provarmos o quanto somos bons no que fazemos.

Nesse caso, acredito que faz sentido associar o desequilíbrio na Lei do Pertencimento com a necessidade de ser reconhecida e de ajudar constantemente.

Embora todos da família tenham agido por amor e por julgarem que essa era a melhor atitude, ela não poderia colocar outra pessoa no lugar do seu pai.

Quem não reconhece o pai acaba vivendo essas desordens, porque renegar os pais é como renegar a vida. Consequentemente, renegar a vida é renegar possibilidades. Além disso, a vida da pessoa que assume o papel paterno também não flui, pois ela se sente pesada.

A minha cliente precisava nutrir o seu coração com o que era capaz de dar a si mesma, resgatando esse amor do pai e dando um lugar para ele novamente, colocando-o no seu papel. Então, agora vou falar como fazer isso na prática.

Vou trazer orientações com base na minha experiência, além de complementar com algumas recomendações que daria, caso atendesse ela hoje. Mas quero lembrar que cada caso é um caso. O ideal é personalizar o atendimento, para olhar a necessidade que a pessoa tem naquele momento e ajudá-la da melhor forma.

Dicas de consultório

Nesse caso em especial, eu indiquei uma mentalização, pedindo que ela desse um lugar ao pai, ocupasse seu lugar de filha para então ocupar o seu lugar no mundo.

Quando você se coloca em um "lugar que não deveria" na vida das pessoas, fazendo mais do que pode ou mesmo buscando o reconhecimento delas a qualquer custo, não consegue olhar para si, nem para os seus projetos e muito menos dizer "não" quando necessário.

O trabalho maior aqui é o de reconhecer o seu papel na vida das pessoas. E uma das formas de começar é concordar com a atitude do pai e resgatar o amor dele.

Vamos à mentalização!

Inspire e expire, sinta o seu corpo, sinta o movimento da respiração e perceba, através da respiração, o movimento da vida acontecendo.

Sinta o quanto é fluido respirar. Permita que esse simples ato faça você sentir uma profunda gratidão por estar vivo.

Entre em sintonia com este momento e com o momento da sua concepção. Sinta o amor dos seus pais nesse ato.

Conecte-se com o seu pai e com tudo o que veio antes, com todo o sistema familiar dele. Como se olhasse nos olhos dele e, através deles, você se conectasse com todas essas pessoas.

Olhe para todos através dos olhos do seu pai. Neste momento apenas concorde, aceite e diga mentalmente: "Eu concordo com tudo o que veio antes! Eu reverencio todos vocês. Tudo o que aconteceu era para ser assim e está tudo bem!".

"Pai, eu sinto muito por querer que você fosse diferente! A partir de agora eu dou um lugar para você no meu coração."

Neste momento, sinta que o seu pai está do lado direito e que sua mãe está do lado esquerdo. Honre a vida que eles lhe deram! Agradeça profundamente e apenas concorde com o seu destino! Saiba que os seus pais fizeram o melhor que puderam, na condição que tinham.

A indicação é que a pessoa faça esse exercício mais vezes. Para isso, o terapeuta pode gravar um áudio e mandar para ela ouvir todos os dias e se conectar com a energia dos pais. O mais importante é que ela faça esse processo mental de "dar um lugar" para eles no seu coração.

Como essa cliente estava no Grupo dos Sobrecarregados, recomendei a leitura do conteúdo da página 56, com dicas para ajudá-la a equilibrar a Lei da Troca. Assim, ela conseguirá abrir o seu coração para receber tanto quanto doa.

Já na página 63 estão as "Palavras Mágicas" que sugeri que ela afirmasse todos os dias para liberar memórias inconscientes. Como sempre, indiquei também o "Cilindro e da Pirâmide" como exercício diário (página 120).

5. Casos de consultório: O que fazer para ter mais ânimo e tomar decisões mais rapidamente?

De 0 a 10, a nota que esse consultante deu para a sua vida foi 6. Mas o que faltava para ser 10? Na primeira consulta, ele contou que queria ter mais ânimo no dia a dia, energia para tomar decisões importantes na empresa e voltar a se dar bem com a esposa.

O casal brigava muito, e eles se desentendiam tanto que não sabiam mais se queriam continuar juntos. Além dos desafios no seu casamento, relatou que havia assumido a empresa do pai, mas enfrentava problemas com seus colaboradores.

Faltava ânimo no seu dia a dia, pois ele estava administrando o negócio da família, mas não havia se questionado se era isso mesmo o que ele queria para a sua vida.

Análise do caso

Quando analisei essa história, logo entendi que o fato dele assumir o lugar do pai estava trazendo muitas desordens. A dor da perda, os conflitos dentro da empresa e até as brigas no casamento estavam conectados com "ocupar um lugar que não era o seu", ou seja, o do pai.

Mesmo que façamos isso por amor à família e por necessidade, essa posição para um filho é uma responsabilidade muito grande. O ideal, nesse caso, seria assumir a empresa, mas continuar se posicionando como o filho e não como o "pai da família", entende?

Em geral, essa tendência que nós temos de assumir o lugar dos pais faz com que nos sintamos "muito grandes", mais do que a nossa capacidade. Por conta disso, a vida se torna um peso, exigindo muito de nós.

Lembro bem que, na regressão que fizemos na época, veio como lição para o consultante parar de assumir mais do que podia. Ele precisava se encontrar no seu real propósito de vida.

O desânimo, a preguiça e até os desentendimentos com a esposa eram apenas consequências de ele querer ser "pai dela em casa" e "pai dentro da empresa", além de sempre se posicionar acima de quem estava ao seu lado.

Mas se, na vida dele, assumir o papel de pai já era um peso enorme, imagina "ser o pai" da esposa, dos colaboradores e de quem quer que passasse pela sua vida! Imagina quantas desordens isso poderia causar ainda a médio e longo prazo!

Ao entender essas questões, comecei um trabalho de resgate daquilo que ele realmente queria para si, pois ele simplesmente assumiu a empresa do pai, sem nunca ter se perguntado quais eram os seus sonhos ou o que gostava de fazer realmente.

E claro, hoje em dia, o terapeura poderia ajudá-lo a entender o quanto precisava ocupar o seu papel de filho novamente, para então, do seu lugar, conseguir perceber as possibilidades e até se alinhar para descobrir o seu caminho, a sua missão de vida.

Dicas de consultório

Para esse caso, o terapeuta pode trabalhar com algum exercício que ajude o consultante a se alinhar com o seu real propósito de vida. Algo que o libere da sensação de que precisa cuidar de tudo como "o pai". Caso você saiba algum método ou prática que ajude nisso, é interessante utilizar.

Você pode fazer uma mentalização, pedindo que ele se coloque no lugar de filho, de "pequeno", para então estar disponível e ser "grande" na vida. A minha sugestão é a seguinte:

Feche os seus olhos, respire profundamente e imagine, mentalize e se conecte com o momento em que você era apenas um bebê! Olhe para você pequenininho no colo da sua mãe, recebendo o carinho dela e do seu pai.

Veja como é confortável estar ali ganhando aquele

colinho e aquele carinho! Volte a ser filho e receba a energia deste momento!

Olhe nos olhos da sua mãe e receba todo o amor que ela foi capaz de lhe dar, e sinta a bênção deste momento.

Olhe nos olhos do seu pai e receba toda a força que ele foi capaz de lhe dar, e perceba a grandiosidade deste momento.

Agora, mentalize os seus pais na sua frente, um ao lado do outro, curve-se e os reverencie. Diga mentalmente: "Mãe/Pai, eu sinto muito por querer que tudo fosse diferente e por querer ser maior do que vocês. Por amor eu deixei de ocupar o meu lugar de filho. Mas agora estou aqui e ocupo o meu lugar".

Ao ocupar o seu lugar, receba toda a bênção e o amor deles para seguir em frente. E diga mentalmente: "Gratidão, gratidão, gratidão por tudo o que vocês fizeram por mim! Gratidão por este momento!".

Neste instante, veja todo o seu sistema familiar e todos que vieram antes de você. Honre a sua história, a sua família e agradeça a todos.

Vire-se de costas e olhe para o seu futuro, sentindo como é leve estar aí e ocupar o seu lugar.

Após esse exercício, o ideal é indicar que o consultante exercite esse processo mental de se "colocar como filho", de se sentir "pequeno" diante deles. Ele pode repetir a mentalização mais vezes ou fazer algum outro movimento que tenha conexão com essa prática.

Para que ele se sentisse mais seguro na hora de decidir, indiquei o "Exercício para Tomar Decisões", que está disponível na página 70. Como ele era do Grupo dos Sugadores, recomendei as dicas da página 55 que o ajudariam a ter mais autoconfiança. Além disso, sugeri que ele afirmasse diariamente as "Palavras Mágicas" (página 61) para construir uma nova mentalidade. Por fim, fazer o "Cilindro e a Pirâmide" (página 120) como prática diária.

6. Caso de consultório: Como eliminar a depressão e se sentir mais realizado.

Quando perguntei que nota essa consultante dava para a sua vida naquele momento, de 0 a 10, a resposta foi 7. Confesso que depois de ouvir toda a sua história, acredito que ela até se deu uma nota razoável, pois tinha uma trajetória bem desafiadora.

O seu principal problema era a depressão e a angústia. Já tinha feito tratamento psicológico e psiquiátrico, mas agora estava buscando algo mais alternativo. Sua vontade no momento era saber mais sobre si mesma, pois acreditava que esse era um dos caminhos para eliminar a angústia e a depressão que estava vivendo.

Ela foi adotada por uma família em que o pai não podia ter filhos e a mãe já tinha 2 filhos de outro casamento. Por isso, o casal resolveu adotá-la. Porém, quando ela tinha dois anos de idade, eles se separaram.

Com relação ao pai adotivo, ela comenta que ele tinha medo de tudo e não deixava ela fazer nada. O amparo e o cuidado eram extremos. Ela sentia muito amor deles, mas tinha dificuldade em retribuir. A mãe adotiva era bipolar, se fazia de vítima e fazia com que as pessoas ao redor se sentissem culpadas.

Disse que o fato de ser filha adotiva não era um problema, sempre soube disso. Tanto que aos 25 anos conheceu a mãe biológica e uma irmã. Soube que foi adotada porque o pai biológico ameaçava violentá-la. Ele sofria com o alcoolismo e uso de drogas. Depois, ela ficou sabendo que a mãe biológica morreu por causa do álcool.

Também contou que tinha dois filhos, sendo que o primeiro nasceu quando ela tinha 16 anos. Ela havia se separado do marido há 5 anos e os filhos estavam morando com o pai.

Quando casou, aos 14 anos, foi embora e a família do marido virou a sua família. Com isso aguentava tudo o que não queria ou gostava, pois se sentia sozinha e essa era uma forma de estar com pessoas.

Com o tempo perdeu o encanto pelo marido e se separou. Era como se ele tivesse se tornado o seu "pai" e foi ficando insustentável continuar no casamento. Outra coisa que comentou é que ouvia vozes e sentia presenças de espíritos, inclusive havia tentado se suicidar. Além disso, costumava se sentir sensível à energia das pessoas e dos ambientes. Tinha pânico de ser deixada, rejeitada e de ficar sozinha.

Análise do caso

Ouvindo toda a história dessa consultante, dá para entender que muitas desordens que se apresentavam estavam relacionadas à maneira como ela precisava resgatar o amor-próprio e o merecimento.

Na sua fala, ela também comentou que tinha necessidade em "ser ou fazer diferente". É como se esse comportamento de "ser diferente" fosse uma forma de extravasar essas sensações e os sentimentos que queria evitar, como a rejeição, a solidão e a tendência de se "autodestruir".

Mas como é possível fazer esse resgate na prática? Por onde começar? Primeiro é preciso resolver internamente a relação com a sua origem e com os pais, principalmente os biológicos.

Na maioria das vezes, a busca pelo amor da mãe e a fidelidade ao seu sistema familiar são tão importantes, que os desequilíbrios só começam a ser resolvidos ao conhecer ou se aproximar da mãe e do pai biológicos.

Pode até ser pelo pensamento e com o coração, mas se for possível uma aproximação física, melhor. Não há necessidade de convívio, mas de conhecê-los e fazer uma conexão com a energia deles.

Mesmo tendo todo o amor e o amparo dos pais adotivos, foram os pais biológicos que a trouxeram para o mundo. Nesse caso, a força que ela precisava estava no sistema familiar do qual ela faz parte.

Por que eu falo disso? Há algo que serve para todos nós, não apenas para quem é adotado, e que tem total relação com o "voltar para a nossa origem".

Antes de falar sobre isso, deixa eu lhe fazer uma pergunta: Quantos por cento você acha que tem do seu pai e da sua mãe?

Pode ser que você tenha pensado que é 50% de cada um. Talvez você imagine que tenha 30% do seu pai e 70% da sua mãe. Ou o contrário! Enfim, olhando de forma sistêmica, cada um (pai e mãe) nos deu 100% de si para nos conceber, certo?

Portanto, se unirmos toda a força dos nossos pais, mais a nossa, temos 300% de força para realizar o que queremos e ser quem nascemos para ser.

Nesse caso, mais do que nunca, o resgate precisa começar por aí: no olhar para os pais biológicos, porque é nesse movimento que ela vai conseguir ver e até estar mais em harmonia com os pais adotivos, além de ter mais amor por si mesma. Na maioria do casos de adoção, o fato de o filho viver em conexão com seus pais biológicos resolve muitos problemas.

Nessa situação, não adiantaria muito apenas ver a mãe. Na verdade, ela precisava ver, buscar o olhar e a força dessa mãe. A partir disso, ela se sentiria fluindo para uma nova realidade, e se libertaria dessa dor que causava a depressão e a angústia que sentia.

Dicas de consultório

Além de todas essas percepções que já mencionei, eu faria uma mentalização, pedindo que ela resgatasse o amor dos pais biológicos, especialmente o da mãe.

E mais, também é importante fazer um movimento de concordar com tudo como foi, para então se libertar desses processos de "autodestruição" e com isso se sentir merecedora de uma vida melhor. Vamos lá?

Feche os olhos, inspire e expire profundamente! Mergulhe profundamente dentro de si, da sua história e do seu coração.

Ame você, ame a sua história e se conecte com o momento do seu nascimento, com o instante em que você veio ao mundo, cheio de expectativas pela nova oportunidade que a vida lhe deu.

Agora, conecte-se com o olhar da sua mãe quando ela lhe pegou nos braços pela primeira vez! Se isso não aconteceu, apenas se conecte com o momento em que você chegou ao mundo! E que já é o primeiro sucesso que você teve na vida, pois muitos nem puderam nascer, estar aqui. Sinta quanto amor e quanta força tem este momento!

Receba esse amor, receba a vida, receba esse momento como se ele estivesse acontecendo agora! Sinta o amor infinito da mãe, que fez o que pôde para oferecer o melhor dela a você. Até mesmo o fato de tê-lo entregado a outra pessoa. Isso também foi um ato de extremo amor...

E neste instante, conecte-se com os presentes que a vida lhe deu: uma família que ama você infinitamente e todas as bênçãos possíveis para ter o melhor da vida.

Lembre-se de toda a mãe que vive o que a sua mãe viveu. Toda a história dela e tudo que ela tentou fazer por você foi lhe preservar da dor que ela sente. Então agradeça profundamente, agradeça por estar vivo, por respirar e por tudo o que aconteceu até agora!

Pois tudo que você viveu até aqui foi importante e teve o propósito de ajudar você a se reencontrar para servir à vida e viver a sua melhor versão.

Esse é um momento profundo de conexão com a mãe e, por isso, é preciso repetir o exercício mais vezes. Para quem é terapeuta, pode gravar um áudio no celular e enviar para o consultante, assim ele pode ouvir mais vezes.

O ideal é fazer esse movimento todos os dias, ainda mais nesse caso, porque as tendências de "autodestruição" indicam a busca desesperada pelo colo e pelo amor da mãe. Algo que já está internamente conectado, só precisa ser resgatado.

Você também pode aplicar alguma técnica de energização ou fazer alguma prática que esteja conectada com o momento. Deixe a sua intuição de terapeuta lhe dizer se apenas esse movimento foi o suficiente ou se precisa de algo mais.

No final do atendimento, pedi que a cliente retornasse para continuar o tratamento, pois a partir do segundo atendimento, se ela fizesse o exercício diariamente, já sentiria profundas transformações. Se ela não conseguisse fazer, eu poderia auxiliar com outros recursos, além de acompanhar os movimentos dela.

Como essa pessoa fazia parte do Grupo das Vítimas, sugeri as dicas da página 55 como complemento, além das "Palavras Mágicas" da página 62, afirmações para ativar o merecimento e o amor-próprio.

Também indiquei que fizesse a "Oração Poderosa para Ter Sucesso" (que está na página 105) e a técnica do "Cilindro e da Pirâmide" (página 120) como prática diária.

SOBRE IR ALÉM NA ARTE DE AJUDAR AS PESSOAS

Não posso concluir esta obra sem falar de dois projetos que são muito importantes na minha caminhada profissional: o *Terapeuta do Zero* e o *Top Terapeuta*.

Antes de eu dar mais detalhes sobre eles, deixa eu lhe mostrar um pouco da história de algumas pessoas que são meus alunos e estão vivendo profissionalmente daquilo que mais amam, ajudando pessoas e cumprindo o seu papel no mundo.

HISTÓRIAS DE SUCESSO

Luciana Neves Ausec

Conheci o *Top Terapeuta* no começo de 2018, após ter concluído o Reiki Nível 3A e saído da empresa em que atuei por quase 13 anos. Nessa época, decidi fazer o que sempre me empolgou: trabalhar efetivamente na área das Terapias Holísticas. Separei uma parte do meu acerto da empresa e investi em conhecimento. Escolhi alguns cursos que me inspiraram e "encontrei" o *Top Terapeuta*.

Assisti aos vídeos iniciais e a cada aula eu tinha mais certeza que esse curso iria me dar o suporte exato para o que eu queria fazer, pois eu estava no meio de uma transição de carreira. Como os outros cursos eram sobre as técnicas, eu não tinha nada sobre como vender o meu trabalho. Por isso, comprei o curso e me encantei já na primeira aula. Depois de alguns dias comecei a me movimentar seguindo as orientações passo a passo. Sem dúvida, foi um dos melhores investimentos que fiz, pois me deu uma base muito segura.

Atualmente, atendo profissionalmente em parceria com duas clínicas de excelência em Balneário Camboriú. A maioria dos meus clientes é recorrente e renova pacotes todos os meses. Estou vivendo de Terapias Holísticas desde o ano passado, e a cada dia melhora mais e mais. Já comecei a dar cursos e workshops. No ano que vem quero estar na minha própria sala, pois, do jeito que está evoluindo, daqui a pouco esse passo será necessário.

Hoje sou uma pessoa com menos crenças limitantes, mais confiante em mim e no meu poder interior. Sei do que sou capaz e só tenho a agradecer a esse projeto da Cátia que é ajudar os terapeutas a serem *tops*!

Marcela Fernanda

Há mais de 3 anos comecei a estudar desenvolvimento espiritual e pessoal. Fiz o curso de Fitoenergética para autoconhecimento e no decorrer do curso senti um chamado para trabalhar com a Terapia Holística.

Em meio a incertezas e inseguranças, dei os meus primeiros passos, mas sentia falta de um método. Já acompanhava o trabalho da Cátia e entrei para o *Terapeuta do Zero*, que me deu uma boa base. Em seguida entrei no *Top Terapeuta*. Segui fazendo cursos e recebi um convite para dar uma palestra sobre o Oráculo dos Acordos Espirituais.

Montei a minha palestra baseada no que a Cátia ensina e foi um sucesso. Em seguida iniciei a formação no Método dos Acordos Espirituais e decidi trabalhar exclusivamente com Terapia Holística, iniciando uma nova fase na minha jornada: me preparar para uma transição de carreira.

Conciliando duas profissões, comecei a colocar em prática todo o conteúdo do curso. O grande divisor de águas foi um desafio proposto de criar grupos no WhatsApp para divulgar o meu trabalho. Assim, fechei 17 consultas e consegui realmente me firmar profissionalmente como terapeuta holística.

Conclui o mestrado (Reiki 3B) e comecei a ministrar cursos de Reiki. Oficializei a minha transição de carreira com data marcada para encerrar: no final do primeiro semestre de 2019. Foi um grande trabalho interno, pois decidi deixar uma carreira de 17 anos como gerente de loja para seguir o meu propósito de vida. Quanto aprendizado! O *Top Terapeuta* foi essencial para que tudo isso acontecesse. Saber me posicionar, cobrar e divulgar o meu trabalho me deu segurança, autoconfiança e muito incentivo.

Gratidão, Cátia e equipe, por me ajudarem nesse processo lindo da minha jornada. Ser quem eu nasci para ser, assumir meu lugar no mundo e viver meu propósito de vida.

Édipo Paggi

Sinceramente, eu não esperava ter resultados tão significativos em tão pouco tempo com o *Top Terapeuta*. Lembro que um dos primeiros exercícios que fiz foi o de crenças limitantes para determinar as minhas metas.

Através desse exercício, tive um despertar que me fez fechar sete atendimentos de Constelação Familiar num final de semana. Não sei se você sabe, mas o trabalho de Constelação não é muito barato. A minha hora é R$ 320,00. Por isso, para você fazer as pessoas investirem esse dinheiro em você eu digo que é como uma conquista.

Nossa! Eu não esperava que fosse tão rápido e tão eficiente o processo do *Top Terapeuta*. Esse curso me ajudou a desmistificar algumas coisas e ir atrás, caminhar e buscar o que precisava para ter os meus clientes. E, com o passar do tempo, eu fui quebrando as minhas crenças limitantes para começar a gravar vídeos no Facebook e a me posicionar de uma forma mais coerente nas redes sociais. Tudo isso também aprendi no *Top Terapeuta*...

Além disso, aprendi sobre a questão de como me portar, como me vestir, que também é muito importan* Assim, as pessoas começaram a notar o meu trabalho me enxergarem como terapeuta. Isso tudo se cons no momento em que eu assumi a profissão, porq então eu não falava que era terapeuta.

Antes disso, quando eu ia fazer uma compra gum lugar, por exemplo, ao me perguntarem sobre nha profissão, eu falava que era estudante. Hoje e que sou terapeuta holístico. Isso é algo que eu não es esperando tão cedo. Vejo que as pessoas confiam no m trabalho e eu consigo me posicionar.

Na minha turma do grupo de Constelação, havia mais ou menos uns 60 colegas. Alguns estão cobrando R$ 80,00 por um atendimento. E a minha consulta é R$ 320,00. Mas o que que eu tenho de diferente deles para cobrar isso?

Bem, eu me valorizo. Tudo o que eu invisto, tudo o que eu faço, tudo o que eu estudo, além do que investi no *Top Terapeuta*, faz com que eu cobre um valor coerente. Hoje eu sei que, quando a gente entra no nosso propósito, quando a gente dá atenção para o que a nossa alma pede, tudo muda.

O programa *Top terapeuta* me ajudou a seguir o meu propósito de vida. Por isso, o que eu posso dizer para você, que está pensando em começar o curso, é que esse foi o melhor investimento que eu fiz na minha vida. Está valendo cada centavo. Eu aproveito o conhecimento ao máximo. Interajo e participo da comunidade dos alunos no Facebook, onde nos ajudamos, pois ali a gente compartilha e você sente que não está sozinho.

Portanto, se você sentiu que algo desse curso mexeu com o seu o coração, vai lá e faz! Confia, porque a Cátia é uma pessoa sensacional, com uma carreira incrível e uma história maravilhosa, em quem você pode se espelhar muito. Ela está entregando a nós os mais de 13 anos de carreira dela, em um curso que está bem mastigado, para você utilizar e simplesmente aplicar. É só ter a sabedoria de ir lá e fazer que vai dar certo, e eu sou prova disso.

Franciele Dias

Embora já estivesse atendendo, eu não tinha muitos clientes e não conseguia divulgar muito o meu trabalho. Sentia uma certa insegurança, e o curso da Cátia veio para trazer organização e foco, além de confirmar o profissionalismo que eu queria ter nos meus atendimentos.

Esse método, que traz um roteiro de como iniciar, de como organizar as minhas finanças profissionais e a minha agenda, me trouxe muitos recursos e me ajudou muito a fazer a minha abordagem com os clientes.

Hoje, quando eu faço as palestras, tudo flui com naturalidade. O sentimento que me toma hoje é de amor e gratidão, porque foi algo que transformou tanto a minha vida! É quase um egoísmo eu não compartilhar isso com as outras pessoas, entende?

Supera qualquer medo, preocupação e receio de que não vai dar certo. E esse sentimento de amor, de transbordar o que eu aprendo, é que me move, que faz com que eu queira compartilhá-lo com o maior número de pessoas.

Ana Teresa Valério

Eu resolvi me inscrever e foi maravilhoso, porque eu voltei a ter uma organização na minha vida, além de ter mais segurança ao oferecer e cobrar pelos meus trabalhos. Muita gente acha que, porque você tem um "dom" e trabalha com Terapia Holística, não deve cobrar.

Acreditam que é um dom que Deus nos deu, mas todo o nosso conhecimento, tudo que a gente faz para oferecer o melhor para os nossos clientes, isso tudo são cursos, e os cursos são todos pagos. Eu não posso chegar para um profissional, como por exemplo a Cátia, e falar: "Me oferece o seu curso de graça?" É o trabalho dela, ela vive disso, ela estudou para oferecer isso.

A minha vida inteira eu fiz tudo muito sozinha, então estava naquela dúvida: "faço ou não faço?". Mas, naquele momento, foi como se a minha voz interior tivesse me falado: "Olha, você sempre caminhou sozinha, e agora está precisando de alguém que caminhe junto com você".

A Cátia é uma pessoa que me emociona muito. É como se eu tivesse buscado ajuda no meu Anjo da Guarda! Por mais que sejamos profissionais, também temos que admitir que não somos fortes o tempo todo. Não é porque sou terapeuta holística que tenho de ser forte. Também precisamos reconhecer isso e pedir ajuda. Naquele momento, eu pedi auxílio, pois não estava conseguindo caminhar sozinha, e o *Top Terapeuta* me ajudou a seguir o meu caminho.

MAS O QUE É O *TERAPEUTA DO ZERO*?

Trata-se de um curso *on-line* para pessoas que querem iniciar do absoluto zero como terapeuta. É composto por módulos com vídeo-aulas gravadas, material de apoio e mais uma série de aulas bônus que vão acelerar o seu processo de entrar em campo com confiança.

A minha proposta nesse treinamento é que você aprenda tudo o que precisa saber para atender o seu primeiro cliente de forma profissional em sete dias.

Você tem suporte, tutoria, plantão de dúvidas e o meu acompanhamento e da minha equipe para que possa compartilhar sua jornada conosco. Além disso, há um tempo de acesso para ver e rever o conteúdo quantas vezes quiser.

As inscrições para esse curso são abertas apenas em alguns períodos do ano. Para saber sobre novas turmas ou participar de eventos *on-line* que antecedem a abertura das inscrições, me acompanhe nas redes sociais!

O QUE É O *TOP TERAPEUTA*?

É um treinamento *on-line*, oferecido dentro de uma plataforma de ensino a distância Nele, com orientações específicas, eu ajudo você a se sentir mais confiante para atuar na Terapia Holística.

Nesse curso, você vai conhecer estratégias de divulgação do trabalho do terapeuta: o que e como usar as redes sociais, o que e como divulgar de forma presencial e quais ações funcionam para atrair mais clientes de Terapia Holística. Além disso, terá um passo a passo para conduzir 10 atendimentos na prática.

Também vou ensinar como organizar os bastidores de eventos presenciais (como montar cursos, palestras e *workshops*), com dicas para divulgação até o momento do evento. Você terá a minha ajuda para montar um planejamento mês a mês e assim ter clientes todos os dias.

Esse treinamento é composto por módulos com vídeo-aulas gravadas, material de apoio e mais alguns bônus que vão ajudá-lo no processo de se tornar um *Top Terapeuta*.

Há ainda suporte, tutoria e plantão de dúvidas, além do meu acompanhamento e da minha equipe. Você terá um tempo de acesso para ver e rever o conteúdo quantas vezes quiser, e poderá compartilhar a sua jornada conosco.

Assim como no *Terapeuta do Zero*, esse curso também tem as inscrições abertas somente em alguns períodos do ano. Através das minhas redes sociais você saberá em primeira mão sobre as novas turmas e os eventos *on-line* que antecedem a abertura das inscrições do curso.

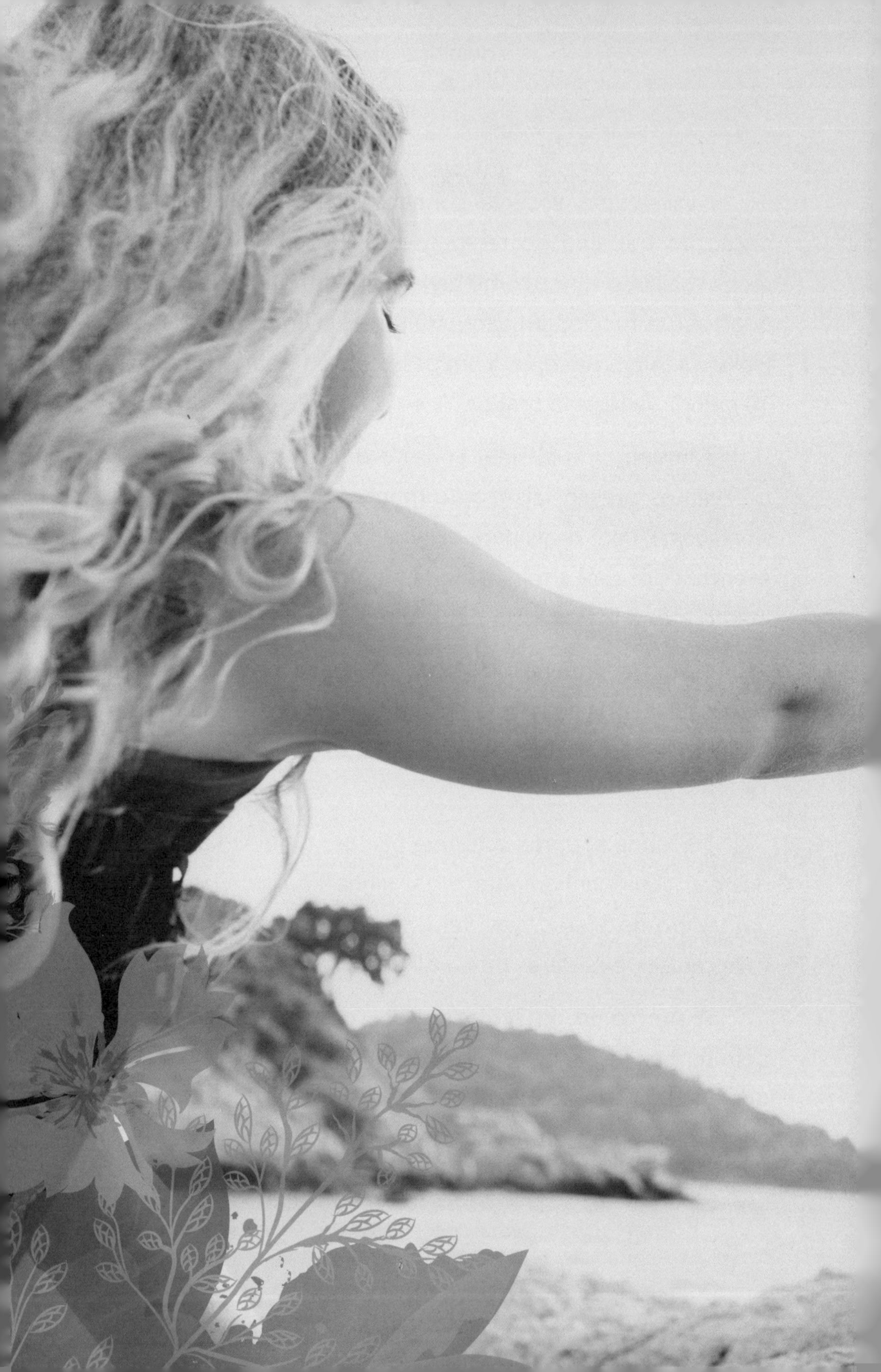

PERGUNTAS E RESPOSTAS

1. Se meus pais já partiram deste mundo ou se não os vejo, posso fazer essas práticas que você sugere no livro?

Sim, com toda certeza. Mesmo que você não conheça seus pais, que eles tenham partido ou que você não os veja com frequência, todo o processo funciona igualmente. A sua alma está sempre ligada aos pais biológicos e ela sempre vai reconhecê-los.

2. Sou adotado e quero fazer as dinâmicas que você sugere. Devo pensar em meus pais adotivos ou biológicos?

Primeiramente, pense em quem lhe deu a vida, nos seus pais biológicos. Depois, conecte-se com os seus pais adotivos. Eles também merecem o seu amor, pois realizam uma tarefa muito importante, que é cumprir com o que os pais biológicos não puderam.

3. O que acontece quando precisamos cuidar dos pais na velhice?

Na maioria das vezes, o cuidado com os pais biológicos é uma forma de compensar o que os pais dos nossos pais não fizeram. Muitos de nós já ouviram histórias tristes dos pais em relação aos avós. Na tentativa de aliviá-los dessas dores, nós temos a tendência de ter um comportamento de "pais dos nossos pais".

Só que "ser pai ou mãe dos pais" é uma tarefa muito grande para nós. Além disso, os assuntos que os nossos pais não resolveram com os nossos avós não é algo que nós precisamos resolver.

Nesse caso, o seu movimento precisa ser de concordar e aceitar tudo como foi. Aceitar e concordar com o destino deles. Com isso, aprenda a fazer o que for possível do seu lugar de filho. Olhe para os seus avós e entenda que eles fizeram o que puderam e que você não pode tomar esse lugar.

Lembrando sempre que, se você teve esse comportamento ou essa postura com os seus pais, fez isso por amor a eles. Portanto, é necessário fazer um exercício diário de "se colocar no lugar de filho" para que você consiga ajudar os seus pais do seu lugar e isso não se torne um peso para você.

4. **Se os meus pais precisarem de um conselho ou ajuda, não devo interferir? Como faço para ajudar, já que não posso me colocar no lugar de pai ou mãe deles?**

Claro que você pode dar um conselho. Se sentir que é possível fazer algo, faça, mas sempre tenha em mente que você vai fazer o melhor que pode, na condição que tem, do seu lugar de filho. Lembrando que isso implica, em alguns momentos, não fazer nada e deixar eles "se virarem", sim. A dica é: respeite o lugar deles de "grandes" e, diante deles, coloque-se como "pequeno". Pratique os exercícios que indiquei aqui, e você vai saber o que fazer.

5. **O que é a Terapia Holística?**

A Terapia Holística é também chamada de Terapia Alternativa, Complementar ou Integrativa. Ela não substitui o tratamento médico, mas o complementa, trazendo mais harmonia física e emocional e ajudando as pessoas a responderem melhor aos tratamentos. Como segue os princípios do holismo (do grego *holos* que significa "inteiro ou todo"), a Terapia Holística trata o ser humano como um todo, não através de uma visão fragmentada da realidade. Portanto, a abordagem holística acredita que os elementos físico, emocional, mental e espiritual de cada pessoa formam um sistema. O que faz com que esse olhar mais personalizado e o entendimento da causa real das debilidades traga mais saúde e equilíbrio de forma eficaz.

6. Quais são os tipos de Terapia Holística que existem?

A Terapia Holística é hoje uma das profissões que mais crescem no mundo. Geralmente, faz parte das Medicinas Orientais (como a Medicina Tradicional Chinesa e a Medicina Ayurveda, por exemplo), utilizadas há milhares de anos.

O motivo do aumento da procura por esses tratamentos se deve ao fato de que todas elas enfocam o ser humano como um ser integral, conforme já mencionei anteriormente. Sendo assim, no enfoque holístico, a doença do corpo físico é apenas um reflexo das desarmonias que já existem nos corpos energéticos.

Dentre as técnicas mais divulgadas no Brasil estão: Reiki, Yoga, Acupuntura, Florais, Do-In, Shiatsu, Ta-Chi-Chuan, Massagem, Reflexologia, Ortomolecular, Hipnose, Fitoenergética, Acupuntura, Regressão Terapêutica, Quiropraxia, Doula, Constelação Familiar, entre outras.

Essas técnicas podem auxiliar as pessoas a aliviar o estresse físico ou emocional, além de prevenir e combater dores, depressão, insônia, TPM, ansiedade, medos e síndromes. Elas ajudam a melhorar questões como: insatisfação no trabalho, problemas nos relacionamentos, falta de prosperidade financeira, baixa autoestima, falta de autoconfiança e coragem, insegurança... Ao fazer uso de vários métodos diferentes, podemos detectar o que está realmente gerando o desequilíbrio e tratar diretamente a causa disso.

7. O que é um terapeuta holístico?

É o profissional que trabalha e aplica técnicas de Terapia Holística dentro do consultório.

É importante saber que, dentro do paradigma holístico e até mesmo legal, o terapeuta não é médico, nem doutor. Por isso, não pode usar terminologias como "paciente, receita, diagnóstico, doenças ou medicamentos".

Um bom terapeuta precisa se formar em um curso livre profissionalizante que o possibilite atender pessoas. Assim como qualquer profissional que queira servir e respeitar o próximo, bem como ajudar na evolução da humanidade, deve se dedicar à atividade, pesquisar e buscar atualização constante sobre a sua área de atuação.

8. Será que qualquer pessoa pode ser terapeuta?

Sim, qualquer pessoa que ama ajudar pessoas pode se qualificar e ser um terapeuta holístico.

9. Caso tenha interesse em ser terapeuta ou ajudar pessoas de forma profissional, por onde eu começo?

Você precisa fazer algum curso na área da Terapia Holística e se especializar com alguma técnica de atendimento. Esse é o primeiro passo para se tornar um terapeuta holístico.

Até o momento em que escrevi este livro, essa profissão é autorregulamentada, o que quer dizer que não existe lei, decreto ou regulamento que diga o que um terapeuta holístico precisa para atuar na profissão.

Nesse caso, a Constituição Federal, artigo 5º, quando fala das garantias e dos direitos fundamentais, diz o seguinte: "É livre o exercício de qualquer atividade, ofício ou profissão. Desde que obedecidas as regulamentações legais".

Como não há regulamentação específica para a Terapia Holística, então é livre o ofício dessa atividade profissional. Sendo assim, até o momento não há um curso específico que precise ser feito. A princípio, o que o profissional precisa é conhecer e saber aplicar alguma técnica da área para poder atuar dentro do consultório.

A Terapia Holística faz parte da Classificação Brasileira de Ocupações como uma das mais de trinta mil profissões que existem. A CBO trata do reconhecimento da existência de ocupações no mercado de trabalho brasileiro e é publicada pelo Ministério do Trabalho e Emprego.

Ela não regulamenta uma profissão, apenas tem por finalidade a identificação das ocupações no mercado de trabalho, para fins classificatórios junto aos registros administrativos e domiciliares. Dessas profissões registradas, cerca de 0,3% possui regulamentação.

Via de regra, a esmagadora maioria das profissões brasileiras é desregulamentada, cabendo à "lei do mercado" a seleção dos trabalhadores. O que quer dizer que os próprios clientes podem dar o seu aval e indicar o trabalho do profissional.

10. Qual é a melhor terapia para mim?

Geralmente a escolha de um bom profissional vem de alguma indicação. Alguém que já conhece um terapeuta e teve mudanças ou melhoras na vida, costuma propagar e falar para as outras pessoas. Mas, claro, você pode pesquisar sem indicação. Nesse caso, provavelmente irá procurar por alguma terapia específica.

Então, se você tem interesse em cuidar do corpo, da mente e do espírito, pesquise mais e procure a terapia que mais lhe agradar. Eu acredito que a Terapia Holística é capaz de salvar o mundo. O entendimento da causa das dores, doenças e desequilíbrios é o primeiro grande passo para as pessoas realmente se libertarem. E essa libertação as transformará em pessoas que viverão por um propósito, tornando-se mais felizes e realizadas. Com isso, elas também podem mudar a vida das pessoas ao seu redor.

Conheça mais sobre essas técnicas milenares de cura e equilíbrio. Assim, você verá o quanto elas podem auxiliar em sua jornada!

CONCLUSÃO

Cuide de você, antes de ajudar o outro

Agora, conte-me uma coisa: como está a sua meta? Aquela que você traçou quando começamos juntos a nossa jornada, lembra? O que aconteceu de lá para cá? E se você acha que não houve nenhum movimento, pare tudo agora e olhe ao seu redor. Será que nada ocorreu mesmo? Ao observar profundamente, você nota que, na verdade, tudo mudou?

Se ainda assim você julgar que realmente não houve nenhuma mudança significativa, olhe para si neste momento e reflita sobre o que vou lhe dizer. Primeiro que chegar aqui é mais uma vitória que você conquistou, pois cada vez que conclui a leitura de um livro ou finaliza algum curso, por exemplo, isso representa mais conhecimento e uma atitude sua na direção daquilo que você deseja.

Por algum motivo muito particular você chegou até aqui comigo. E eu honro você por isso. Porém, eu não posso deixá-lo ir adiante sem pedir que continue vivendo pelo que acredita ser essencial, aquilo que você mais ama, o seu propósito maior.

Confesso que já vivi situações em que deixei os meus objetivos de vida "meio mornos" e não me dediquei com tanto afinco a eles. E justamente esses foram os piores momentos da minha vida.

Por isso, estou "pegando no seu pé" e falando muito sobre o que você quer. Afinal, se você não tem direção, a vida vai ficando vazia e sem propósito.

Mesmo que você tenha se desviado do seu caminho, deixado as suas metas de lado, nada é por acaso. Na verdade, isso diz muita coisa... Talvez algo mais profundo pode ter impedido você de dar o próximo passo. Por essa razão, eu lhe pergunto: O que você quer agora? Qual é o seu próximo passo? Como você se vê daqui a um ano?

A sua vida não pode ser definida por uma dor, problema ou situação difícil que você esteja vivendo. Ela representa todos os papéis que você exerce, as relações que estabelece, o trabalho que executa e tudo o mais que faz parte de você. Em função disso, às vezes ciclos podem se encerrar. Mas logo outros vão iniciar e está tudo bem.

Respire fundo e siga em frente! E não "se jogue" na vida esquecendo do que é importante, agindo de forma desleixada com as suas metas e deixando de olhar para o que é essencial.

Agora estamos encerrando um ciclo importante na arte de cuidar mais de nós mesmos, além de ajudar as pessoas. Por isso, nunca podemos parar a nossa busca pelo autoconhecimento. Lembre-se sempre que, antes de qualquer coisa, a pessoa mais importante e que mais precisa de você é você mesmo.

Honre você, honre a sua história e ative o seu poder pessoal todos os dias dizendo: *Eu agradeço, porque eu mereço ter esse relacionamento, essa família, esse trabalho...* Enfim, vá pensando em todas as bênçãos que estão ao seu redor. Pare de acreditar que você é menos! Pare de pensar que você não merece mais! Pare de imaginar que ter pouco é o suficiente. Creia que a vida sempre lhe dá mais do que o suficiente e, sobretudo, acredite em você!

Afinal, tudo é uma questão de como você olha para a vida e recebe o que ela lhe dá a todo instante.

Por esse motivo, quero finalizar propondo que você escreva uma carta para si mesmo. Coloque a data para daqui a um ano. E, então, projete a sua vida! Quem você vai ser no próximo ano? Como seria se a sua vida fosse como você deseja? E se tudo o que você almeja acontecesse nos próximos 12 meses? Pense nisso e coloque no papel!

Guarde essa carta e lembre-se de abri-la na data que você anotou, ou seja, daqui a um ano! Eu sempre faço esse exercício poderoso e, quando abro a minha carta, me surpreendo ao ver que realizei tudo o que coloquei no papel.

Então, experimente fazer o mesmo e seja coerente com o que vai pedir. Logicamente, não dá para projetar algo totalmente impossível de conquistar em apenas um ano. Mas você já sabe que pode tornar tudo o que quer possível. Então, siga o seu coração, ouça a sua intuição, encha-se de alegria e acredite no que é possível para você. Tenho certeza de que você vai realizar todos os seus desejos!

Lembre-se sempre: **eu acredito em você**, senão não estaríamos juntos nessa!

Amo você!

Espero lhe encontrar por aí algum dia...

Beijo no seu coração e muita luz!

Cátia Bazzan

SOBRE A AUTORA

Palestrante e escritora, **Cátia Bazzan**, atua na área das Terapias Holísticas há mais de 14 anos. Ao longo deste tempo, já ministrou palestras e cursos por todo o Brasil, formando Mestres de Reiki, Psicoterapeutas Reencarnacionistas e Terapeutas Holísticos.

Criadora dos programas *Top Terapeuta* e *Terapeuta do Zero*, hoje tem centenas de alunos nesses treinamentos *on-line*, cuja missão é ajudar terapeutas da área das Terapias Holísticas, Integrativas, Naturalistas e Complementares a desenvolverem a sua carreira, começando do absoluto zero ao sucesso profissional.

Autora do livro *Ame quem você é: saiba que a melhor escolha é sua*, ela é referência na área da Terapia Holística e desenvolvimento pessoal. *Coach* e empreendedora no mundo do marketing digital, possui um blog, um canal no YouTube e uma página no Facebook com milhares de fãs e seguidores do seu trabalho.

REFERÊNCIAS

BOWEN, Will. *Pare de reclamar e concentre-se nas coisas boas*. Rio de Janeiro: Sextante, 2009.

BURCHARD, Brendon. *Mensageiro milionário*. Ribeirão Preto: Novo Conceito, 2012.

CHOPRA, Deepak. *As 7 leis espirituais do sucesso*. Rio de Janeiro: Best Seller, 1994.

CIALDINI, Robert B. *As armas da persuasão*. Rio de Janeiro: Sextante, 2012.

DAFT, Richard. *O elefante e o executivo*. Ribeirão Preto: Novo Conceito, 2013.

DUHIGG, Charles. *O poder do hábito*. Rio de Janeiro: Objetiva, 2012.

EKER, Harv. *Os segredos da mente milionária*. Rio de Janeiro: Sextante, 2006.

GERBER, Michael. *O mito do empreendedor*. São Paulo: Fundamento Educacional, 2011.

GEROMEL, Ricardo. *Bilionários*. São Paulo: Leya, 2014.

GIMENES, Bruno J.; CÂNDIDO, Patrícia. *Evolução espiritual na prática*. Nova Petrópolis: Luz da Serra, 2009.

HAY, Louise. *Ame-se e cure a sua vida*. Rio de Janeiro: Best Seller, 1990.

HELLINGER, Sophie. *A própria felicidade*: fundamentos para a Constelação Familiar. Brasília: Tagore, 2019.

HICKS, Esther e Jerry. *Peça e será atendido*. Rio de Janeiro: Sextante, 2007.

HILL, Napoleon. *Mais esperto que o diabo*. Porto Alegre: CDG, 2014.

____. *Quem pensa enriquece*. São Paulo: Fundamento Educacional, 2011.

KIYOSAKI, Robert. *Pai Rico Pai Pobre*. Rio de Janeiro: Alta Books, 2017.

NAIFF, Nei. *Curso Completo de Terapia Holística & Complementar*. Rio de Janeiro: Nova Era, 2009.

ROBBINS, Tony. *Desperte seu gigante interior*. 28. ed. Rio de Janeiro: Best Seller, 2016.

____. *Poder sem limites*. Rio de Janeiro: Best Seller, 2018.

ROCKY Balboa. Direção de John G. Avildsen. Califórnia: United Artists, 1976. 1 DVD (120 min).

VITALE, Joe. *Criando prosperidade e riqueza*. São Paulo: Cultrix, 2006.

____. *Limite zero*. Rio de Janeiro: Rocco, 2016.

____. *Marco zero*. Rio de Janeiro: Rocco, 2016.

OUTRAS PUBLICAÇÕES

Luz da Serra
EDITORA

CÓDIGO DA ALMA
Patrícia Cândido

Imagine se cada um de nós, ao ter uma dor de cabeça, pudesse decodificar qual é a emoção nociva ou o fato que a causou? Você consegue imaginar como seria viver esta incrível realidade: compreender a real causa de suas dores e doenças e até mesmo ajudar seus amigos e familiares que enfrentam problemas graves de saúde? Pois é justamente disto que trata esta obra: as causas mentais e emocionais que desencadeiam as doenças físicas! Saiba como blindar a sua saúde para desfrutar de uma vida feliz e conectada com a missão da sua alma!

Páginas: 320
Formato: 16x23cm

O TRATADO DA PROSPERIDADE
Bruno J. Gimenes

Você já se perguntou: "O que falta para eu me tornar rico?" Apesar de trabalhar duro, ajudar as pessoas ou possuir muitos clientes, você nunca consegue sair do lugar? Fica sempre rodando em círculos ou sente que nem todo o esforço do mundo é suficiente para você criar a prosperidade real na sua vida? O método apresentado por Bruno Gimenes vai transformar radicalmente a sua prosperidade. Não seja apenas o que dá para ser, seja tudo o que você pode ser!

Páginas: 208
Formato: 16x23cm

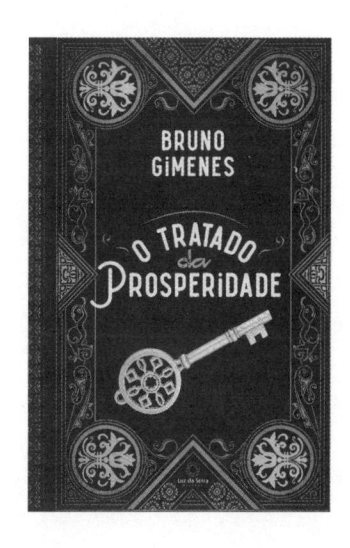

Transformação pessoal, crescimento contínuo, aprendizado com equilíbrio e consciência elevada.

Essas palavras fazem sentido para você?

Se você busca a sua evolução espiritual, acesse os nossos sites e redes sociais:

www.luzdaserra.com.br
www.luzdaserraeditora.com.br

www.facebook.com/luzdaserraonline

www.instagram.com/luzdaserraeditora

www.youtube.com/Luzdaserra

Luz da Serra
EDITORA

Avenida 15 de Novembro, 85 – Centro
Nova Petrópolis / RS – CEP 95150-000
Fone: (54) 3281-4399 / (54) 99113-7657
E-mail: suporte@luzdaserra.com.br